Ethical Organic Beauty

エシカル
オーガニック
ビューティ

地球にも自分にもやさしい
7つの美容メソッド

土井あゆみ

KIRASIENNE

人生100年時代、私にとっての「美しさ」は地球にも自分にもやさしくあること

美容に触れ始めた頃から、「美しさとは何か？」を自分に問いかけてきました。

若さ＝美しい？

メイクがうまいこと？
スタイルが良いこと？
肌が白いこと？
目が大きいこと？
流行りの服を着ること？
好きな相手に気に入られること？

「美しくありたい」と思うのはいつの時代もどこの国でも万国共通。古くは紀元前のクレオパトラの時代から現代に至るまで、たくさんの人々が美しさを追い求めています。

私自身も、敏感肌に悩んだ10代、コスメやファッションにこだわった20代、家庭と仕事を両立しハードに働く中で体調を崩した30代、そして40代に入った今でも、そしてこれからも「美しくありたい」と思い続けるのでしょう。

しかし、「美しさ」の価値観は、年齢やライフスタイルに応じて変化してきたように思います。

私は20代で起業し、2人の子どもに恵まれ、子育てをしながら会社経営をしています。

美容やファッションが好きだったこともあり、20代の頃は「ハイブランドのアイテムを使えば美しい」「綺麗に着飾ることが美しくいるために大事」と考えていたように思います。

しかし、起業をするきっかけになった恩師に出会ったことで、価値観が大きく変わりました。

恩師は、外見はもちろん綺麗な方なのですが、内面的にもとても魅力的でした。

仕事もプライベートも充実させ、イキイキと人生を謳歌する姿に、私もこうなりたい！と感じたのです。

そんな恩師が大切にしていたことのひとつが、「自分のためになる経験や学び、健康の維持に投資すること」でした。

食事に含まれる栄養素や化粧品の成分について学ぶようになり、経験を積むにつれて、何が入っていて何が入っていないのかにこだわるようになりました。

第1子を授かった以降は、子育てをしながらたくさんのチャレンジをして事業拡大に取り組む中で、健康であることの重要性をさらに強く感じました。

そんな私にとって大きな転機となったのは、30代半ばに突如起きた体調不良です。

詳しくは第1章で書いていますが、これまでタフに仕事をしてきた自負のあった私が、新幹線で倒れ、搬送されてしまったのです。

今まで当たり前にできていたことが、急に何もかもできなくなり、先の見えない不安と悔しさに襲われたことをよく覚えています。

そして同時に感じたのは、「こういった体調不良は誰にでも起きうるものなんだ」ということでした。

若いうちは当然のように自分が健康であると思いがちですが、いつ誰の身に何が起きるかは予想がつきません。

早いうちから正しい知識を持ち、自分で考えて選べるようにしておくことがとても重要だと感じています。

そうして根本的に自分の身体と向き合う中で出会ったのが、ヴィーガンです。

「ヴィーガン＝食文化のひとつ」というイメージを持たれがちですが、食だけではなく心身の健康や人・動物・自然といった地球全体の課題に対してアプローチできる奥深さに驚きました。

ヴィーガンについて学ぶ中で感じたのは、自分自身が日常生活を送る中で、自身の健康だけでなく、地球環境や生産者にとっても良いものを選びたいということでした。

そうしてたどり着いたのが、「エシカルとオーガニックを取り入れた生き方」です。

地球にやさしい生き方は、自分にもやさしく、心身ともに美しくなっていくと考えました。

そういった考えのもと、私は２０２３年４月から「エシカル」「サスティナブル」「ヴィーガン」をテーマとした、厳選されたアイテムを取り揃えるセレクトショップ

「style table 吉祥寺パルコ店」のオーナーをしています。

本書では、私が身をもって感じた健康の大切さとともに、働く女性の身体との付き合い方や、人生１００年時代の充実したライフスタイルのために取り入れたい健康法、実際に自分自身が愛用しているアイテム、通い続けているレストランやお世話になっているクリニックに至るまで、私が今考える「美しさ」についてご紹介します。

今日から始められる具体的な内容を盛り込み、少しでも私の経験が参考になればという思いで書かせていただきました。

テーマは「エシカル オーガニック ビューティ」。

地球にも自分にもやさしい７つの美容メソッドをぜひ参考に、みなさんの「美しさ」のお役に立てれば幸いです。

目次

Foreword ● まえがき
人生100年時代、私にとっての「美しさ」は
地球にも自分にもやさしくあること —— 4

Chapter 1 ● 第1章
健康への投資が
当たり前の時代へ

出張帰りの新幹線で起こった
原因不明の体調不良 —— 20

検査によって判明した思いもよらぬ
〝食物アレルギー〟 —— 24

私を根本から変えてくれた「ヴィーガン」との出会い――29
義母から教わった食の大切さと、ヴィーガンに対する向き合い方――32
油断できない「過労」と海外の〝健康意識〟の高さ――38

Chapter 2 ● 第2章
エシカルオーガニックのススメ

地球にも自分にもやさしい「エシカル」を意識した生き方――46
エシカルなアクションを起こすなら、まずは「オーガニック」を選ぶこと――51
私がオーガニックセレクトショップのオーナーになった理由――62

子供たちがこの先も安心して住める
地球環境を残していくためにできること ―― 67

Chapter 3 ● 第3章

自分をいたわる
セルフケアの重要性

地球にやさしいは自分にやさしい
まずは自分の身体を知るところから ―― 74
顔は自身の健康を映し出す鏡!
鏡でわかる、今のあなたの健康状態 ―― 77
顔の部位の症状からわかる
気になる肌トラブルをチェック! ―― 81
これからは健康習慣を取り入れた
タイムマネジメントが不可欠になる ―― 92

Chapter 4 • 第4章

地球にも自分にもやさしい7つの美容メソッド

Method 1 身体を温める【温活】―― 100
Method 2 睡眠力の向上【眠活】―― 110
Method 3 内側から美しくなる【食事法】―― 124
Method 4 腸内環境をととのえる【腸活】―― 138
Method 5 キレイな髪をつくる【ヘアケア】―― 147
Method 6 日々の積み重ね【スキンケア】―― 158
Method 7 女性の課題を解決する【フェムケア】―― 163

Chapter 5 • 第5章

My Daily Routine コスメ&ビューティアイテム+My Favorite〝私のお気に入り〟

モーニングルーティン 170／スキンケア 172／
メイクアップ 174／インナーケア 176／私のバッグの中身 178／
フェムケア 180／ヴィーガンレザーバッグ 181／
バスタイム 182／ナイトルーティン 184／ネイルケア 186／
スパ&ビューティサロン 188／ヘアサロン・ネイルサロン・漢方サロン・
ヴィーガン&ベジタリアン専門ショップ 190／
レストラン 192／私の愛車 195／
style table 196
Vegan 検定を学び、取得しよう 200

Afterword ● あとがき ―― 202

Chapter 1

Ethical Organic Beauty

健康への投資が当たり前の時代へ

出張帰りの新幹線で起こった原因不明の体調不良

私は24歳のときに起業しました。大学を卒業して新卒で入社し、2年目のことでした。現在、経営者としては今年で17年目を迎えます。

精神的にタフなところは自他ともに認める私のストロングポイントであり、これまでも仕事には人一倍チャレンジしてきました。

しかし、30代半ばを迎えたタイミングで人生が一変します。

国税庁が出している数字によると、「会社が10年続く確率は約6・3％」と言われている中で、自分の会社も無事に10年の節目を超え、経営者としてもまさに脂が乗っていた時期だったと言えるでしょう。

当時の私は、自宅で過ごす時間は一ヶ月のうち3分の1ほどで、それ以外は出張で国内や海外を飛びまわる生活でした。心身も満ち足りていて、とても充実したライフスタイルを送っていたのです。

それでも30代を迎えてからは、体調がすぐれないということもありました。メンタル面については何も問題なかったので、「メンタルに体がついてこない」という感覚があったのは事実です。

そして2018年の「あの日」が訪れます。当時の私は、忙しい仕事の合間を縫って時間を捻出し、人生初めてとなる書籍の出版を目指して少しずつ原稿を書き進める生活を続けていました。

私は出張先の新大阪から東京に戻る新幹線の車内で、急な体調不良に見舞われました。移動中は原稿の執筆にうってつけの時間だったので、このときもパソコンに向かっていました。

新横浜を過ぎたとき、突然気分が悪くなったのです。吐き気と冷や汗がとまらず、トイレにかけこむも過呼吸に。手足が震え、自力では立てない状況になりました。

一時は新幹線の車掌から「運行を止めて救急車を手配しますか？」と提案されるほどの状況にまで陥りましたが、どうにかこうにか耐え忍んで東京駅に到着し、事前に連絡して待機していた救急車に乗って搬送されました。しかし病院の救急外来では、この不調の原因がさっぱりわからなかったのです。

なぜ、医療機関で原因がわからないの？

この先もこんなことが起こってしまうの？

私は一体どうすればいいの？

そんな不安な感情に見舞われながら、藁にもすがる思いで知り合いの女性医師に相談してみたところ、「あゆみさん、もしかするとそれは『遅延型食物アレルギー』が原因の可能性がありますね」という驚くべき言葉が返ってきました。

検査によって判明した思いもよらぬ〝食物アレルギー〟

医師のアドバイスを受けてすぐ、ネットで調べて「遅延型食物アレルギー検査」をやってみました。私がやったのは、指先から採ったごく少量の血液検体をアメリカの検査会社に送り、2～3週間後に結果が送られてくるというものです。

一般的なアレルギー検査は、即時型の「IgE型」を調べますが、原因不明のアレルギーである遅延型は「IgG型」が関与していると考えられています。しかし、その検査は日本では行われておらず、海外の検査機関で精査する必要があるのです。

届いた検査結果を目にした私は驚きを隠せませんでした。大好きで毎日のように食べていた「乳製品」と「卵」のアレルギー数値が最高値だったのです。それは、乳製品と卵を摂ってはいけないということを意味します。

「乳製品と卵を食べたから、あんな風な症状になったの？ それまでは全くなんともなかったのに？」というのが結果を知った時の偽りなき感想でした。同時に、自分にとっての好物が、実は健康を害する原因になっている可能性があることに大きなショックも受けました。

「即時型アレルギー」は、多くの人が知る通り、原因となる食物を摂取してすぐに症状が表れます。重度なアレルギーの場合は、発作を起こしたり、命に関わるほど危険なケースもあります。

その一方で、「遅延型アレルギー」は、摂取後6時間～24時間後から症状が表れるもので、すぐに命に関わる症状ではないものの、あらゆる不調や疾患の原因にもなりうるといわれています。

さらに、検査結果がわかるまで数週間かかることや、国内で対応している病院が少なく保険適用にならないというハードルの高さもあってか、自分にどのような遅延型食物アレルギーがあるのかを知らないまま過ごしている人が大多数だと思います。

実はそれがアレルギー物質であるとも知らず、日々の生活の中で無意識に摂取してしまう。その結果、特定の症状が慢性的になっていたり、ある日突然、原因不明の症状が現れるほどに蓄積していると考えると、決して侮ることができないのが遅延型アレルギーなのです。
私はそれをあの日の新幹線の中で身をもって体験しました。

遅延型アレルギーによる代表的な症状

【耳・鼻・咽頭】
- 再発性耳炎
- 耳鳴り
- 咽頭痛

【神経心理学】
- 不安やうつ
- ADHD
- 偏頭痛および頭痛症

【心臓血管】
- 不整脈や動悸
- 高血圧や低血圧
- 扁桃炎

【呼吸器】
- 鼻炎や慢性鼻づまり
- アレルギー性鼻炎
- ぜんそく

【皮膚】
- アトピー性皮膚炎
- じんましん
- 慢性白斑

【結合織／筋肉】
- 筋肉痛／関節痛
- 線維筋痛症
- 関節炎

【胃・消化管】
- 便秘や慢性の下痢
- セリアック病
- 腸疾患や結腸炎

【その他】
- 慢性疲労症候群
- 不眠症
- 嘔吐（むかつき）

私自身の遅延型アレルギーが判明した日から、乳製品と卵を除いた〝アレルギー除去食〟を選択しなければならない毎日がやってきました。それまでの人生では食物アレルギーに苦しんだことがなかったので、すべてが初めての経験です。

まずは、友人の栄養士の方に食べられるものと食べられないものについて教えてもらうことからはじめたのですが、スーパーで買い物をするたびに逐一商品のラベル表示から原材料を確認しなければならないうえに、それまで通い詰めていた様々なレストランでの外食がほとんどできない状況に心が折れそうになったのも事実です。しかし、そんな生活に光が射してきたのは、ある食事スタイルとの出会いがきっかけでした。

私を根本から変えてくれた「ヴィーガン」との出会い

「ヴィーガン」という言葉をはじめて知ったときは、衝撃が走りました。ヴィーガン（Vegan）とは、動物性食品を一切使用しない〝完全菜食主義〟のことで、お肉やお魚、乳製品や卵、蜂蜜などを除いた食生活を指します。それだけでなく、革製品やファーなども使用せず、動物性のものを除いたライフスタイル全体を指す場合もあります。

つまりヴィーガンの食事こそは、私のアレルギー物質である「乳製品や卵」が一切使われていない食事だったのです。

ヴィーガンなら不安にならず何でも食べられる！
食べたくても我慢していた食事やスイーツも気にせず食べられる！
ヴィーガンと出会ったことで一筋の光が射したようにものすごく嬉しくなりました。そこから、ヴィーガンやプラントベースの食生活を追求する日々が幕を開けたのです。

「もっとヴィーガンやプラントベースについて知りたい！　とことんこのライフスタイルを追求したい！」

そんな想いを募らせていたときに出会ったのが、「Vegan検定」資格でした。これは、地球環境や健康、食糧問題から動物愛護といった観点からヴィーガンのライフスタイルを学べる検定講座です。

私はヴィーガンスペシャルアドバイザーと、認定インストラクター講座を一気に受講し、日本で一人目の認定インストラクターとなりました。

学びながら知識を深めていくに連れて、ヴィーガンというライフスタイルの素晴らしさを実感しました。ヴィーガンについて学ぶ前は、〝食文化のひとつ〟という認識だったのですが、実際に学んでいくと、食だけでなく心身の健康や人や動物、自然といった地球全体の環境問題にもつながっていく奥深い領域であると感じたのです。

インストラクターとして数多くの資格取得者を輩出し、取得者の中には資格を活かしてヴィーガンのスイーツブランドを立ち上げた方が出るなど、正しいヴィーガンの知識を広めることに貢献でき、嬉しい限りです。

なによりも、乳製品と卵を控える生活を続けて3〜4年が経過する頃には、あれだけ私を悩ませていた体調不良も劇的に改善していたのです。その後、新幹線で起きたような突然の体調不良は、私の身には起きていません。だからこそ、今現在原因不明の体調不良に苦しまれている方は、ぜひ一度遅延型アレルギー検査をやってみることをおすすめします。思いもよらなかったものが原因になっているかもしれませんので。

義母から教わった食の大切さと、ヴィーガンに対する向き合い方

私が食の大切さに気づいたきっかけは、ヴィーガンとの出会いのほかにもありました。それは、義母との出会いでした。

大阪で生まれた私は、ご多分に漏れず〝粉もん〟を好んで食べてきましたし、ジャンクなものも大好きでした。それに私の母は喫茶店を経営していたためいつも忙しくて、母子家庭だったことからも、日常的に外で食事をすることが当たり前の生活をおくっていたのです。外食と言っても肩肘張るようなレストランではなく、中華料理や回転寿司などが中心。起業したときも24歳と若かったこともあり、一時は「おなかが膨らめば何でもいい」と思っていた時期もあったほど、食事の内容や摂取する栄養素についてほとんど無頓着でした。

しかし、専業主婦だった義母は、「家族にはいいものを食べさせたい」という想いから食材をお取り寄せして、産地や生産方法がしっかりとわかるものを選び、できるかぎり手作りで家族に料理をふるまう人でした。初めてお会いしたのは私が20代の頃でしたが、「こんなにも食に重きを置く人がいるのだ」と驚きましたし、細部に至るまでのこだわり具合に関しても非常に衝撃を受けました。

「食にこだわる」とは、〝自らが手をかけるだけでなく、手をかけられている食材や食品から選んでいくことからはじまる〟ということを、私は義母から教わったのです。

「私もなるべくいいものをとりたい」。義母の姿を見てそんな風に思うようになったのは必然のことでした。そして、彼女の価値観や考え方の影響を受けた私が、オーガニックという選択肢にたどり着いたのもまた必然だったと言えるでしょう。

今でこそヴィーガンというライフスタイルを選んでいますが、かつての私はお肉が大好きでした。お肉かお魚かと訊かれたら、迷わずお肉を選んでいましたし、それが当たり前の人間でした。

しかし、Vegan検定を通じて、肉食が身体に及ぼす影響や、食肉を製造する過程で残虐なかたちで動物が殺されている背景を知ったときには、言葉にならない衝撃を受けました。

畜産業界が直面している現状を知れば知るほどに、「あえて動物のお肉を食べる必要はないのではないか」と思えるようになっていきました。

遅延型アレルギーの問題が改善した今もなお、私はできるかぎりヴィーガンを選んで食べています。ときどき新鮮なお魚は食べていますが、お肉は食べていません。

お付き合いのある方でノンヴィーガンの方にたまに質問されることがあります。

「あゆみさんはお肉を食べたくならないんですか？」

これはヴィーガンやプラントベースを選んでいる方なら誰もが訊かれることかも

しれませんね。私からの答えは「今の時代は、フードテックメーカーなどからさまざまなお肉の代替品が登場し、味も食感も、お肉そっくりの食べ応えのあるヴィーガンフードがあるので、食べたいと思うことはありません」というものです。

Vegan検定の講師であり、実行委員会の代表でもある岩溪寛司さんは、「他者を否定しないことの大切さ」について語っています。

「自分の身体の声を聞いて、自分の軸でジャッジをする」ということは、とても素晴らしいことです。ただ、それを人に強要したり突きつけたりすることは自分がされたら嬉しくはないし、むしろ言われた相手は嫌な気分になると思います。

私自身、お肉を食べている人に対して、何かを言うことはありません。あくまで私は、ヴィーガンというライフスタイルに魅力を感じ、実践していることをシェアして、「ヴィーガンが楽しそう・面白そう・健康になれそう」といった具合に、いい意味でプラスの願望になってもらえたらと思っています。

ヴィーガンをはじめ、オーガニックやマクロビオティックといった健康的な食事スタイルは数多くありますが、それらのいずれに対してもストイックな印象を持っている人が多いようです。

しかし、実際はまったくそんなことはありません。そういったハードルが高そうなイメージを私は払拭していきたいと思っているので、私自身が誰かに「こうなりたい！」と楽しみながら思っていただけるロールモデルになれることを目指しています。

そして、Vegan検定の講師としては、一人でも多くの人にヴィーガンが広まることで、互いに食の多様性を尊重しあいながら、みんなが一緒に楽しく食卓を囲める世の中になっていってほしいと考えています。

ヴィーガンの人もノンヴィーガンの人も、それぞれが心地よく、地球環境や動物にも優しく、すべての生命が共存していく社会の実現の一助になれるように。

油断できない「過労」と海外の〝健康意識〟の高さ

前述の遅延型アレルギーとともに、私の体調不良の根本的な原因に「過労」がありました。「まえがき」でも記した通り、私は社会人2年目のときにも過労で倒れた経験があります。しかし、病院に行ったところで「過労」という病名は存在しないことをそのときに知りました。

新幹線で倒れて自宅療養をしていた1ヶ月半を振り返っても、とても一人では歩くことすらできず、近所のスーパーにも行けない時期がありました。そのとき唯一口にできていたのが、葛湯、お粥に雑炊くらい。

結果的に一気に体重も筋肉量も落ちてしまい、何かできることはないかと知り合いの美容サロンオーナーに相談したところ、「横浜の鍼灸の先生がスゴ腕だから、紹介するからとにかく行ってみて」と勧められたのです。

私はもともと痛いのが苦手で、避けて通ってきた鍼灸治療でしたが、藁にもすがる思いで行ってみました。すると、その先生は私の顔を見るなり、開口一番「あぁ、あなたは寝てませんね」と仰ったのです。

そのときの私は、仕事を休んで療養に務めていました。ほぼ寝たきりのような生活だったこともあり、「先生、最近の私はいまだかつてないくらいしっかりと睡眠をとっているのですが……」と伝えたところ、「それが実は違うんです。あなたの身体は寝ているつもりかもしれませんが、実際は脳がずっと起きていて全然寝ていないのです」と言われたのです。

確かに思い返してみても、寝ているときに突然仕事のアイデアがひらめくことが多々あり、そうなったときには起きてアイデアをまとめることもしばしば。寝ている間もずっと仕事モードが続いていたということになります。そこから、自律神経やホルモンバランスが乱れてしまっていたのだと思います。睡眠を通じてそこもしっかり整えないと、心身が完全に休まるわけではなく、それが過労という形で出てしまうということを先生から教えていただきました。

その言葉が胸に響いた私は、先生のところに1ヶ月ほど通うことで寝たきりの生活から快方に向かいました。さらに、P191でも紹介している「漢方コミュニケーションズ」の代表である漢方薬剤師・結城奈美枝先生にカスタマイズしていただいたオーダーメイド漢方薬を組み合わせることで、体調不良は劇的に改善したのです。

アレルギーにもてきめんの効果を発揮してくれたヴィーガンライフの実践と、体調改善に導く的確な鍼治療による施術、自分の体質に合ったオーダーメイド漢方。

自ら動くことでさまざまな分野のスペシャリストと繋がり、できることはすべてやった結果、悩まされていた不調の数々から脱却することができました。この経験を通して、私自身「心と身体を整えて、健康の土台をつくる」ということを実感することができました。

同時に、調べれば調べるほどに、アメリカやヨーロッパと比較すると「日本は食事や健康に対する意識が遅れをとっている」という想いが強くなっていったのです。

その理由として挙げられるのは、日本では、不調を感じてから病院に行くのが一般的で、保険が適用される中で検査や治療をすることがほとんどであるということ。一方、アメリカでは、不調を感じる前から、「病気を防ぐ予防医学や、日頃から健康に投資」することが一般的とされている健康意識の高さの違いを感じます。

またヨーロッパでは、一人ひとりの環境に対する意識が高いことからも、オーガニックという選択肢が身近にあります。実際に足を運べば一目瞭然のことですが、アメリカもヨーロッパも、オーガニック専門のスーパーマーケットが充実していますし、オーガニック認証マークのついた食品もたくさん販売されていたり、グルテンフリーやヴィーガンのコーナーが当然のように存在しています。それは売り場の一画といったスペースではなく、専門の棚がいくつもあるくらいに。

日本も〝健康への投資〟が当たり前の世の中になってほしい――。そんな想いから、講演活動をしたり、Vegan検定の講師としての活動を通じて、より多くの人にオーガニックやヴィーガンの魅力や可能性をお伝えしてきました。

私にとって、「ヴィーガン」と次章で紹介する「エシカル」を取り入れたライフスタイルは、とても心地いいものです。自らの健康に繋がるのは大前提ですが、それ以上に動物の命を守りながら、環境保護にも役立ち、ゼロウェイストやフードロスにも貢献できる、一石何鳥にもなる最高の自分への投資なのです。

Chapter 2

Ethical Organic Beauty

エシカルオーガニックのススメ

地球にも自分にもやさしい「エシカル」を意識した生き方

あなたは「エシカル」という言葉にどのようなイメージがありますか？

「エシカル Ethical」という言葉は、もともと「倫理的な」「道徳上の」といった意味があります。それが、地球環境や社会に配慮していることを表す言葉として、アメリカやヨーロッパを中心に広がっていき、近年は日本でも同様の意味を持って使われている言葉です。

最近では、エシカルは一つのジャンルとしても確立されてきています。最初に広くこの言葉が伝わったのは、環境を破壊しない・労働者から搾取しないことを軸にした「エシカルファッション」でした。そして、働く人々や地球環境、社会に配慮した宝石である「エシカルジュエリー」という言葉も使われるようにもなっています。

さらに、購買の動機にエシカルなものを中心に選ぶ消費の仕方を、「エシカル消費」と呼ぶなど、何らかのアクションに結びついて使われていることからも、この言葉が一般的にも徐々に浸透している印象を受けます。

前章では、環境問題やそれに対する取り組みにおける日本と諸外国の意識の差についても触れましたが、「エシカル」という言葉がこれほど急速に世界的に浸透している理由は明らかです。

国連が世界目標として掲げる「ＳＤＧｓ（持続可能な開発目標）」からもわかるように、世界は今、公平な賃金が払われない労働搾取、貧困、児童労働、環境破壊といった、さまざまな社会問題を抱えています。そして、それを解決するための運動が、世界や国家規模で起こっています。

戦後、人々の生活を便利にする技術や開発が進み、需要を上まわるほど供給する時代がやってきましたが、これまでと同様に人類が生き続ける場合、人口に対して必要な水や食料などの供給が追いつかなくなるなど、環境破壊によってもたらされる未来が予測されています。

過剰な生産や環境破壊を見直し、バランスをとるために、一人ひとりがエシカルな行動を起こすこと。これは、綺麗事や理想論ではなく、私たち人類がこの先も幸せに生き続けるために欠かせないことなのです。

インターネットの普及によって、いつどこにいても世界中がつながるようになり、知りたい情報にたどり着けるようになりました。ウェブサイトの翻訳やYouTube動画などの字幕機能の向上も相まって、あらゆる情報にアクセスできるようになったと言えるでしょう。

ですので、消費者はさまざまな視点を持った上で、より賢い選択をすることができますし、生産者は消費者に選ばれ続けるために、どんどんよいものを生み出さなければ選ばれなくなっています。

どのような原料を使い、どのような場所で、どのような労働環境によって生まれたものなのか。

それは生産から消費というすべての段階にわたって、環境にどれほど負担をかけるものなのか。

生産する際には、過剰に生み出すのではなく、必要な分だけを生み出しているものなのか。

最終的に不要になった際には、地球に還るまでを考えて作られているものなのか。

そのようなエシカルな行動は、自分自身にとっても、あなたの大切な人にとっても、そして地球環境にとっても「やさしくあれる生き方」につながりますし、何よりも「世界をよい方向に変えていく第一歩」にもなるのです。

エシカルなアクションを起こすなら、まずは「オーガニック」を選ぶこと

エシカルを意識して生きることは、自分だけでなく、子供の将来や未来の地球にもつながることは先ほど記しました。しかし、実際にどんなアクションを起こせばよいのでしょうか？ その問いに対する、わかりやすい答えが前章でも少し言及した「オーガニック」を選ぶということです。

オーガニックという言葉は「有機的な」という意味ですが、人の手が加わっていない、できる限り自然なものがオーガニックと考えると、とてもわかりやすいと思

います。

オーガニックは、農業においても使われる言葉で、野菜や果物といった農作物はもちろん、加工食品や化粧品の原料、衣料品に使用される自然由来の繊維などにも存在します。オーガニックであることが認められた証である「オーガニック（有機）認証」は世界中に存在します。

環境や社会のために、エシカルな選択をするのであれば、なるべくしっかりと厳格に定義されているオーガニックを選ぶことをおすすめします。

とはいえ、そんな私も「自分の身体にやさしいものを」「地球環境に負荷をかけないものを」と常日頃から意識するようになるまでには、それなりの時間がかかりました。

誰もがそうであるように、最初は何を選んでいいのかわからないところからスタートしました。自分が選ぶものから少しずつ意識をしてみる。買う前に少し調べてみる。そういった習慣から、徐々に日々の選択を変えてきました。何気なくしみついていた習慣も、ちょっとした意識から変わっていきます。

ぜひ、エシカルとオーガニックを頭の片隅において、生活をしてみてみるところからはじめてみてください。

一例を挙げると、ファッションの面において私がよく気を使っているオーガニックなものとして「コットン（綿）」があります。

コットンといえば、女性の場合は化粧水を肌につけるときや、ネイルポリッシュを落とすとき、傷口を消毒するときなどに使うものがイメージしやすいかもしれません。あるいは、タオル生地やクッションの中綿など。真っ白いコットンが一般的だと思いますが、実はあの白さは漂白されたものが多いことをご存知でしょうか？

その一方、使用用途としてはこちらの方が圧倒的に多いのですが、アパレルの生地の原材料としてコットンは使われています。アンダーウェアをはじめ、Tシャツやスウェット、シャツにパンツなど、原材料に綿が使われているものは、比較的安価で流通されている印象があるかもしれません。

化粧品用の使い捨てのコットンも、アパレルの生地素材としてのコットンも、オーガニックコットンになった途端、倍以上の値打ちがついています。その違いは、栽培方法と製造方法にあります。

世界の綿花（実綿）生産量では、「インド・中国・アメリカ」が上位3ヶ国ですが、広大な土地で栽培される綿は、たくさんの化学農薬や化学肥料が使われ育てられていることがほとんどです。

飛行機やロボットによって農薬や肥料を与えられた綿畑には、人体への影響が及ぶため、一定期間立ち入れないほどだといいます。そんなふうに育てられた綿には、当然のように、農薬が残留している可能性があります。

また、収穫される綿花から糸や生地をつくる段階にも化学的な処理が行われているといいます。自然に実った綿花は、一つひとつ繊維の特徴が異なるものですが、そういった差異をなくすのもまた、化学的な農薬や肥料なのです。

なるべく人の手間がかからないように、農薬や肥料によって効率的に綿花をつくり上げ、簡単に製品化ができるようにした結果が、世に多く出まわる安価なコットンの真実です。

一方、オーガニックのコットンは、なるべく化学的な農薬・肥料を使わず、自然に負荷をかけることなく栽培し、製品化されています。自然環境に負荷をかけない天然素材が、オーガニックコットンの特長であるといえます。

普段口にする食品をはじめ、肌に触れるスキンケアや化粧品、身にまとう衣料品まで、すべてにおいてオーガニックという選択肢があるので、何からはじめていいのかわからないという人は、まずは身近なものをオーガニックに変えるところからはじめてみてください。

Point 1 エシカル&オーガニックを選ぶ軸をつくる

ここで、「エシカル・オーガニック」をとり入れるためのポイントをご紹介します。

まずは、私が気をつけていることをリスト化してみました。以下はあくまで私流の軸ですが、皆さんがエシカル消費を意識する際の参考になれば幸いです。

- □オーガニック
- □フェアトレード
- □サスティナブル（持続可能性）
- □クルエルティフリー（動物実験を行っていない）
- □トレーサビリティ（生産背景を開示している）
- □アップサイクルやサーキュラーエコノミーが考えられている
- □労働環境をしっかり整えている
- □労働者への賃金支払いをしっかり行っている
- □発展途上国や貧困者の雇用を応援している
- □使い終わったときの処分方法を開示している
- □廃棄物を最小限にしている

エシカルフード

□持続可能性が考えられた生産・栽培・加工方法を採用している

□食品の副産物を活用するなど、なるべく無駄が出ないように生産されている

□ヴィーガンの食品を選ぶ

□化学的な添加物、保存料、着色料が使われていない

□ゴミが多く出ない容器・梱包を採用している

エシカルファッション

□３Ｒ（リデュース・リユース・リサイクル）を意識する

□持続可能性が考えられた素材・原料を使用しているものを選ぶ

□化学物質（薬剤、染料など）が使われていない

□無駄な資源が出ないように考えられている

□大量生産・廃棄を促進するファストファッションを避ける
□トレンドに流されないデザインを選ぶ

Point 2
「捨てる」ということについて考える

地球環境のためにできることとして、私は「捨てる」という行為について考えることを大切にしています。必要なものだけを選んで買っていても、日常的にどうしても出てしまうのが「ゴミ（廃棄物）」です。

ヨーロッパでは、廃棄される部分がリサイクルされる素材でつくられていたり、アップサイクル（廃棄予定であったものに手を加え、価値をつけて新しい製品へと生まれ変わらせること）ができる仕組みづくりが確立しているため、ゴミが出ない、もしくは出たとしてもわずかになる取り組みが行われています。

それに引き換え、日本では、積極的にゴミを減らすこともせず、住んでいる市区町村によっては分別さえも行われていないケースも多いです。まさに私が住んでいる地域では、ゴミの分別項目に「プラスチック」が存在せず、可燃ゴミでひとまとめになっていて、毎日大量のゴミが捨てられている現状があります。

海外の取り組みを見てみると、一人ひとりの意識が高いことだけでなく、行政や企業が一丸となって環境へのアクションを考えて実行しています。個人のアクションでは、なかなか大きなインパクトを生み出せないかもしれませんが、いろんな規模で手をとり合っていくことが、今後の大事な観点なのではないでしょうか。

Point 3 信頼するお店を見つける

前章で記した通り、これまでの私は、体調不良をきっかけに人生を見つめ直すことになる出来事が何度もありましたが、とりわけ幼少期から肌に関するトラブルを抱えていた私は、肌につけるものだけは人より敏感で、こだわりを持って選ぶようにしていました。

今でこそ食品スーパーや化粧品に至るまでオーガニック専門店が各地にできていますが、私はオーガニックがこれほど身近になる前から、身体にも環境にもやさしい食品やコスメを選ぶようになっていたのです。

特に化粧品やコスメに関しては、今や全国にまで広がりを見せるチェーン店がいくつもありますが、オーガニックのみならず、エシカルやサスティナブル、プラスチックフリーなど、さらに厳選されたアイテムを取り扱っている「style table」の存在を知ってからは、こぞってそこで買い物をするようになっていました。「style table」で取り扱っているものは、基本どれを使っても大丈夫という安心感があるくらいに、全幅の信頼を寄せていました。

私がオーガニックセレクトショップのオーナーになった理由

私は現在、吉祥寺PARCO（パルコ）の1階にある「style table吉祥寺パルコ店」のオーナーをしています。なぜ、このショップのオーナーになったのか。その理由は、前章の通り、遅延型食物アレルギーの発覚からヴィーガンに目覚めたことをはじめ、これまでの出来事から、なるべくしてなったのだと思っています。

「style table」の1号店が代官山にオープンしたのは、2019年のこと。ショップの発起人は、仕事のパートナーである人物でした。彼が有志たちと共に設立した「style table」は、オーガニックが好きな私にとって、パートナーが手がけるショップでありながら、最大のファンだったと断言できます。

〝エシカル・サスティナブル・ヴィーガン〟という3つのキーワードをコンセプトに、ジャパンメイドのラインナップを揃えた「style table」と、〝海をきれいにする〟というコンセプトのもと、海外ブランドを取り揃えた姉妹店の「Ethical & SEA（エシカル シー）」。二つのショップを合わせると現在全国に22店舗を構え、業界的にも驚異的なスピードで成長をしています。

「style table」は、「自らが美しく、健康になる」という〝自分軸〟のみならず〝地球軸〟を大切にしたコンセプトを掲げています。

地球軸とは、使い続けることで結果的に海や川が綺麗になったり、動物や地球と共存するためによりよい選択肢になれるというものです。厳格な基準のもと、「7つのエシカルテーマ」に沿った商品をラインナップしています。

style table

7つのエシカルテーマ

J JAPAN MADE
ジャパンメイド

O ORGANIC
オーガニック成分配合

C CLIMATE CRISIS
気候危機対応

P PLASTIC FREE
プラスチックフリー

V VEGAN
ヴィーガン

F FAIR TRADE
フェアトレード

N NATURAL
天然由来成分配合

（参考：https://styletable.jp/aboutus ）

「style table」は、〝ボランタリーチェーン〟と呼ばれる各店舗にオーナーを設ける展開を採用しています。〝フランチャイズ〟とも似ていますが、ボランタリーチェーンは各店のオーナーの自由度が高いことが大きな特長です。

私がオーナーを務める吉祥寺パルコ店であれば、年齢層に応じた商品ラインナップをセレクトしていたり、ヴィーガンに特化したアイテムを充実させているなど、系列店の中でも私独自の視点からセレクトにこだわっています。

そして、すべての「style table」に共通していることですが、スタッフの研修が手厚いことも大きなポイントです。新しい商品が入荷されるときには、商品のコンセプトや使い方といった単なる商品知識だけでなく、メーカーの想いをはじめ、スキンケアであればお肌の構造について1から知識をつけています。さらに、「style table」のコンセプトに共感した価値観を持った人を積極的に採用していることも、手前味噌ですが、私がこのショップを推しているポイントです。

そして、私は「style table吉祥寺パルコ店」の運営を通して、「オーガニックやエシカル消費が世の中に当たり前になる」という社会を目指していきます。そして、このお店を世界で通用する一流のブランドにしたいと考えています。

子供たちがこの先も安心して住める地球環境を残していくためにできること

私には2人の子供がいます。子供たちが大人になって、おじいちゃん、おばあちゃんになる頃——具体的には2100年を迎えるあたりでしょうか——当然なががら私たち親世代はこの世にはいません。そうして世代交代をした未来のことを考えるとき、子供たちが安心して住める地球環境を残していきたいという強い想いがあります。

私が尊敬をしている友人の一人、環境活動家であり実業家の谷口たかひささんの話を聞いて、衝撃を受けたことがありました。

谷口さんは現在、環境先進国のドイツで暮らしているのですが、彼が教えてくれたのは、ドイツの小学生が地球の未来を案じて「子供をつくらない」というボイコットをしていたというエピソードでした。ドイツでは小学校でデモのやり方を習うそうなのですが、まだ10歳そこそこの小学生が、将来の可能性に不安を感じて社会に向けて行動を起こす姿には、心が打たれました。

エコやサスティナブルといった、いわゆる〝環境にいいこと〟をしていると、日本ではよく「意識高いね」といった揶揄する会話を耳にすることがあると思います。
しかし、谷口さんが語ってくれたドイツをはじめ、環境への配慮が当たり前となっているヨーロッパ諸国では、配慮しない側がバッシングを受けたり、淘汰される風潮になっているそうです。このような先を行く話を聞いていると、「日本も少しでも早く追いつかなければ……」と思いますし、厳格な基準を設けて盛り上げていければと思っています。

そうは言っても、同調圧力の強い日本ではそこまで行動を起こす勇気がないと感じる方も多いかもしれません。それでも、あなたが起こすわずかなアクションがいつかは大きな力となっていくということだけは知っておいてください。たとえば、いつも購入しているものを改めて考え直し、環境問題の改善につながるものを選ぶということだけでも十分に効果のあるアクションなのですから。

ただ、日々の仕事や家事に追われていると、時間だけでなく心の余裕までなくなってしまうものです。どうしても不安になったり、情緒が安定しなくなってしまい、仕事では思うようにパフォーマンスが発揮できなくなったり、大切な人にあたってしまったりと、生活がネガティブモードになってしまうことがあると思います。毎月ホルモンバランスの波がある女性の場合、大なり小なり誰しも経験があることなのではないでしょうか。

エシカルでオーガニックな生き方を選ぼうとすることは、第一に自分の生き方を見直すことや、できることからアクションを起こしていくことが大事だと思っています。

もし、エシカルでオーガニックな生き方をしたい、人にも地球にもやさしいことをはじめたい、けれど何をしたらいいかわからない、とにかくいいものと出会いたいという人には、吉祥寺パルコ店でなくてもかまわないので、お近くの「style table」や「Ethical & SEA」などのこだわったお店に足を運んでほしいなと思います。

「style table」は、素晴らしい商品の魅力や背景をしっかりと伝えるだけでなく、一人ひとりのライフスタイルにも寄り添うことができるショップだと自負しています。

前述の独自のセレクト基準に沿う商品ラインナップを厳選することはもちろんですが、スタッフ一人ひとりが、お客様に寄り添えるプロフェッショナルな状態で店頭に立っています。日々の生活に役立つアイテムはもちろん商品ですが、スタッフはショップで扱うすべてのアイテムの背景を届ける役割です。お客様によっては、日々の具体的な出来事をスタッフに話される方や、なかなか人には打ち明けられないような悩みを相談される方もいらっしゃるほどです。

生産者目線で、誰よりも消費者に近い存在から、お客様の支えになれるショップであると自負しています。

Chapter 3

Ethical Organic Beauty

自分をいたわる
セルフケアの重要性

地球にやさしいは自分にやさしい まずは自分の身体を知るところから

前章で紹介した、「エシカル」と「オーガニック」を日常生活に取り入れて実践している人のことを、私は「エシカル オーガニック ビューティ」と命名しています。

エシカルとオーガニックを継続的に取り入れた生活は、「選択そのものが地球環境やその製品を生み出す仕事に従事する人たちへ貢献し、ひいてはこの世界を美しくすることにもつながっている」という想いと、それを実践し続けることで「その人自身も心身ともに美しくなっていく」という意味が込められています。

地球にやさしいは、自分にもやさしい。

現代社会では、すべての世代、性別問わず「セルフケア」や「セルフラブ」が注目されています。

まず自分自身を大切にケアすることにより、自分自身が満たされ、周りにもやさしくできると思います。

エシカル・オーガニックな商品を選んでいくと、地球環境や生産者にも配慮されたものが多くあります。せっかく使うのであれば、さまざまな人に配慮されたもののほうが心地良いなと思って、私は使っています。

エシカルとオーガニックを生活に取り入れ始めてからというもの、ありがたいことにお会いする人から「あゆみさんはなんでそんなに肌が綺麗なんですか?」「若々しさの秘訣は何ですか?」という言葉をかけていただくことが増えました。

ヴィーガンライフや女性の起業などをテーマに講演や講師の仕事も積極的に行っている仕事柄、特に20代から40代まで、お悩みの相談を受けることがあります。

その都度、具体的に自分が実践している内容を例に出しながらお答えするようにはしているのですが、その経験も踏まえて、ここからは誰でも「エシカル オーガニック ビューティ」になれる具体的なケア方法をご紹介していきます。

まずは気になる自分の顔について知っておきたいポイントから。

顔は自身の健康を映し出す鏡！
鏡でわかる、今のあなたの健康状態

いま、これを読んでいるあなたも毎日鏡を見ていると思います。そして、鏡を見ているときに気になることはありませんか？

近頃は敏感肌でも使える低刺激化粧品や、炎症を抑える成分が配合されたスキンケア用品など、どんな肌の状態でも使用できるアイテムが増えてきています。

私が推奨している、地球にも人にもやさしいオーガニック系やナチュラル系のアイテムは、まさに肌トラブルを抱えていても使えるピンチヒッターのような存在でもあり、いつでも安心して使える心地よさというものが魅力の一つとして語られることが多いです。

ところが、いくら丁寧にケアをしていても、決まって同じパーツにできる吹き出物やブツブツ、湿疹や乾燥など、クセになっている肌トラブルを抱えている人も多いのではないでしょうか？

直接肌につけるスキンケア用品や化粧品が原因となっているケースもありますが、その場合は根本的な原因が他にある可能性が高いです。

前章で紹介した凄腕の鍼灸師さんが、私の顔を見るなりすぐに睡眠不足と診断したように、東洋医学には視覚的に診察する「望診《ぼうしん》」という診断方法があります。

身体の中でも、手や足の〝ツボ〞と同じように、顔はその時々の内臓の状態がストレートに表れる場所であると考えられているのです。

さらに私は、これまで多くの方々から相談を受けてきた経験から、健康状態や習慣など不調の傾向が、その人の顔を見るだけである程度はわかるようになってきました。

根本的原因には、東洋医学でいう内臓の不調だけでなく、自律神経をはじめ、メンタルヘルスの問題や、食べ物やその食べ方、ホルモンバランスの乱れなど、思いもよらぬところで実にさまざまな不調が密接に関係しているものなのです。

なかなか治らない肌トラブルがあると、ついつい外側からのケアを施してしまいたくなるのも当然の話ですが、最初に向き合うべきは「ご自身の身体の状態を知ること」に他なりません。

たとえ自覚がなくても、身体というものは何らかの形で必ずシグナルを発しているものです。私の場合は遅延型アレルギー検査によってそのシグナルを目に見える形に落とし込めたわけですが、こればかりはやり方は人それぞれ。

ご自身の身体と真摯に向き合い、根本から改善を目指していくことは、無駄な消費を防ぎ、人にも地球にもやさしくなれる、まさにエシカルな選択肢でもあると私は考えています。

ぜひ、自分のことをいたわるところからはじめてみてください。

顔の部位の症状からわかる気になる肌トラブルをチェック！

ニキビや吹き出物など、トラブルを繰り返しているパーツについてチェックしてみましょう。ここでは、よく相談を受けるポイントやお悩みの多い事例を、現代人が陥りがちな傾向を交えてご紹介していきます。

次の例に当てはまるトラブルや不調がある人は、原因を探り、実践したいケアを取り入れてみましょう。

Case 1

運動不足からくるフェイスラインの悩み

あごから耳に近い頬にかけてのフェイスラインにできる肌トラブルは、男女ともに悩みを抱える人が多いのではないでしょうか。この部位にトラブルがあると、感染症対策のためのマスク生活が起因と思われがちですが、実際のところは「運動不足」が関係しています。

とりわけ、コロナ禍以降ではリモートワークが普及したことで、気づいたら終日家の外に出なかったという人も多いはず。そういう方は、血流が滞ってしばしば血行不良に陥り、手足の末端が冷えたり、足がむくんだり、コリやすい傾向にあります。

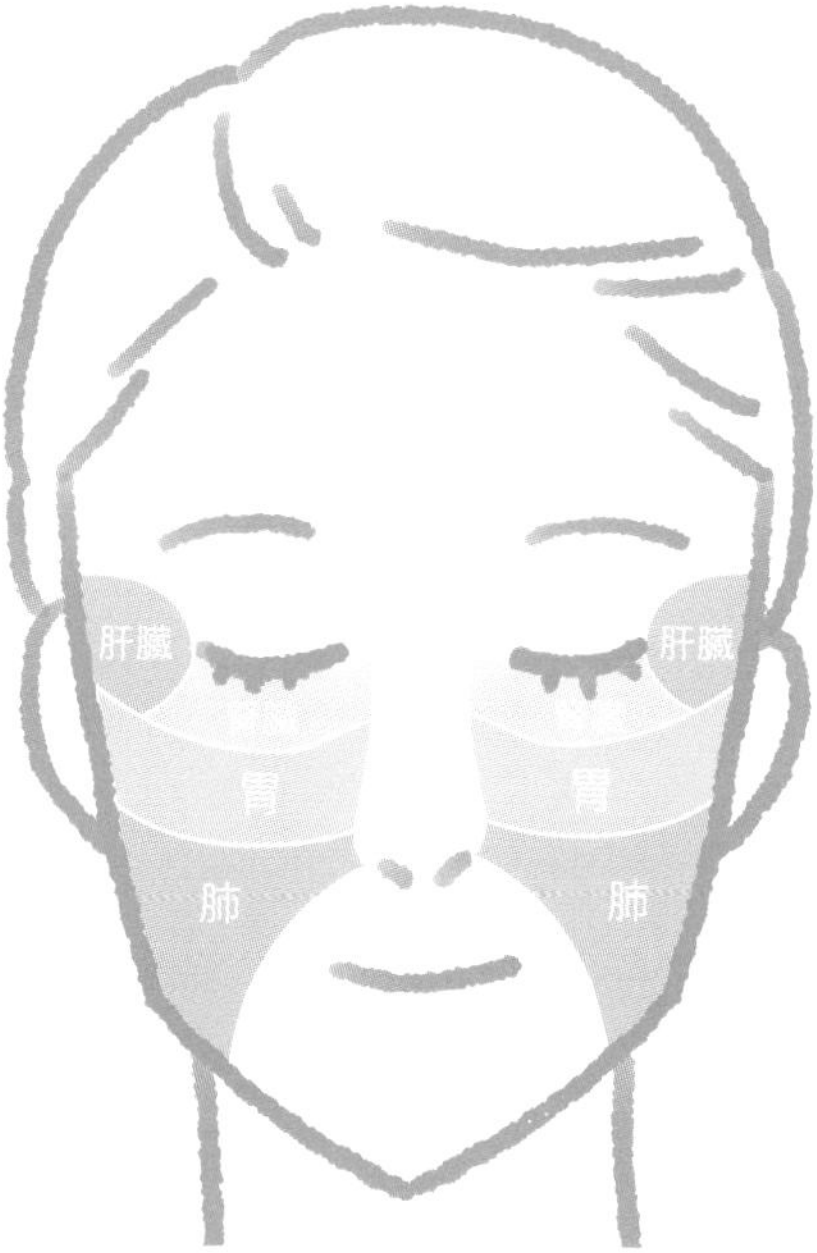

フェイスラインの周辺と連動する臓器

下記の内臓や各器官の状態が
肌に反映されています

[頬の下部 ▶ 肺／頬骨の付近 ▶ 胃／目の下 ▶ 腎臓／
こめかみ ▶ 肝臓]

理想的な歩数は1日8千歩といわれています。スマホにもその機能はあるものが多いですが、歩数計などを活用しながら、意識的に身体を動かしたいところです。

足のむくみやコリは、お風呂につかって揉みほぐしたり、マッサージストーンやゴルフボールなどを活用して身体の各部位に効果的に刺激を与えるのもおすすめです。

ちなみに、頬の外側からおでこにかけたフェイスラインに沿ってできる吹き出物は、洗顔料を洗い残していることが原因と考えられます。洗顔料によって肌を清潔に保つことは大切ですが、しっかりとすすいでタオルでやさしく拭き取ってから次のケアに進んでください。

Case 2
30代男性に多い、頬の吹き出物

頬やほうれい線に繰り返しできる吹き出物。笑ったときに動く表情筋にかかるところでもあり、気になってつい触ってしまう人も多いかもしれません。マスクを装着したときに刺激になるパーツでもあります。「ここによくニキビができる」と思い当たる人も多いはず。

頬やほうれい線は、とりわけ大腸と関係があるパーツです。水分やミネラルを吸収して便をつくり出す役割を担う大腸は、小麦製品や脂っこいものなど、消化に悪いものからの影響を受けやすいとされています。また、噛む回数が少ないことでも、消化不良を招いてしまいます。

脂質の多いラーメンやカレーといったよく噛まずにすするように食べられる食事を好む傾向がある人が、この部位にトラブルを抱えることが多いようです。相対的に男性、とりわけ30代の方に多いと言われています。また、大腸をはじめとする消化器官がうまく働かないことから、腹痛や便秘、下痢になりやすいのも特徴です。

小麦粉でできた麺類や、脂っこいものは、食べる頻度が多くなりすぎないようにして、よく噛んでゆっくり食べることを意識しましょう。意識的に食物繊維を多めに摂取することも大切です。

ほうれい線や口まわりと連動する臓器

下記の内臓や各器官の状態が
肌に反映されています

[ほうれい線 ▶ 大腸/口まわり ▶ 心臓]

Case 3

幅広い世代に多い、口まわりの吹き出物

唇の上部は小腸の状態を表しています。特に口まわりのブツブツは、代謝や消化力が落ちているサインです。小腸は、胃や十二指腸で消化された食べ物を、さらに分解・栄養吸収を行う臓器。意外かもしれませんが、小腸という名前とは似ても似つかず、身体の中で最も長い臓器なので、その不調は侮ってはいけません。

せっかく栄養バランスに気をつけた食事をしていても、小腸から吸収されなければ水の泡になってしまいます。小腸がしっかり機能するよう、消化の悪いものに偏らないよう気をつけて、代謝をあげる工夫をしてください。後にも書きますが、サプリメントなどで酵素を取り入れるのもおすすめです。

Case 4 ストレスに関わる、額《おでこ》のサイン

心やメンタルの状態が表れるパーツが、眉間の上あたりのおでこです。ストレスや悩みを抱えているとき、仕事の疲れを感じているときに出やすい肌トラブルの代表です。

往々にして、ストレスからくる暴飲暴食によって食事が偏り、それによって栄養バランスが乱れてしまい、腸内環境が悪化してしまうことが原因として考えられます。

これらは、便秘や下痢などお通じの悩みにもつながります。リフレッシュしたりリラックスといった時間を大切にしながら、栄養バランスを考えた食事内容に配慮してみてください。

現代は野菜不足が顕著なので、1日350gを目安に野菜を摂ることをおすすめします。

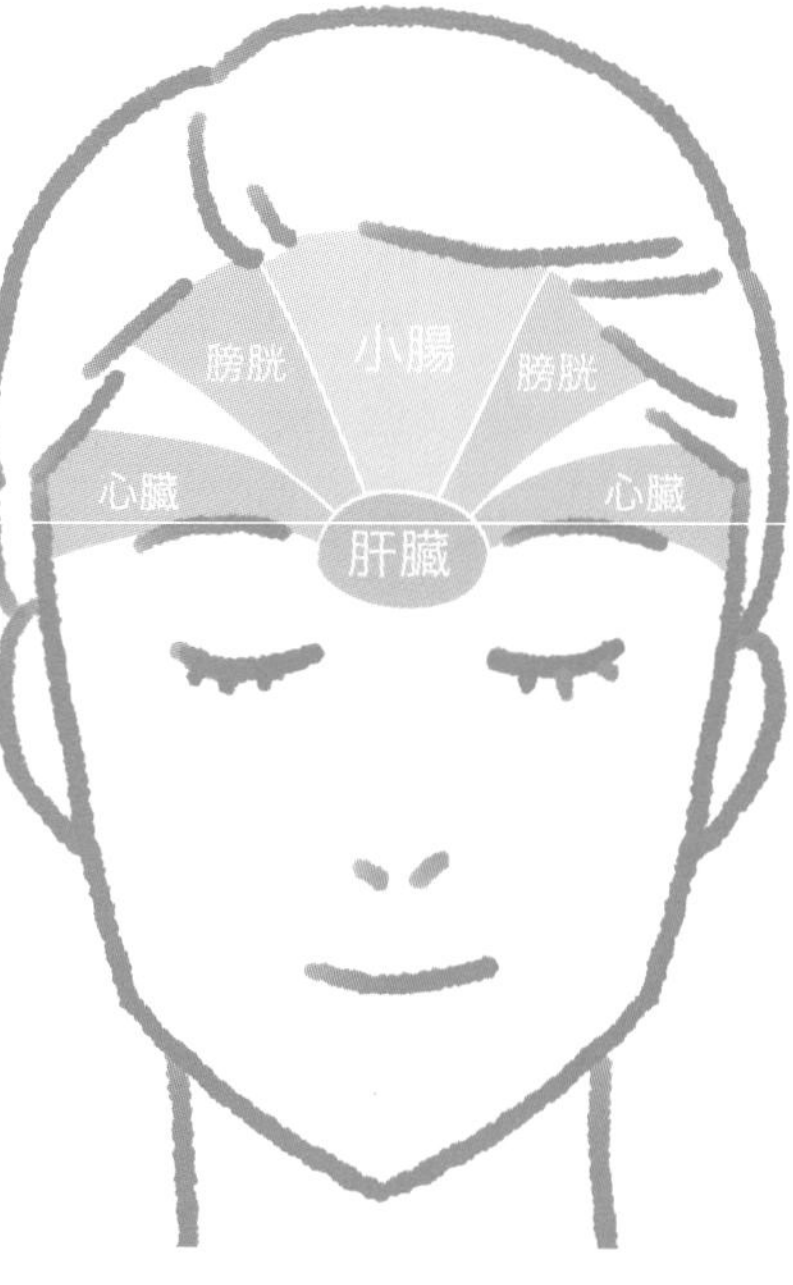

おでこの周辺と連動する臓器

下記の内臓や各器官の状態が
肌に反映されています

[眉間 ▶ 肝臓／眉毛の上部 ▶ 心臓／
おでこの中央 ▶ 小腸／おでこの上部 ▶ 膀胱]

Case 5 触らないように注意したい、鼻

鼻は、特定の内臓と通じているパーツではありませんが、皮脂が分泌しやすい場所です。吹き出物ができるとついつい触ってしまうパーツでもありますので、触り過ぎに注意しながら、やさしく洗顔し、保湿を徹底しながら、週に一度はクレイパックなどで毛穴ケアをするのがおすすめです。

これからは健康習慣を取り入れたタイムマネジメントが不可欠になる

いつからか、仕事やプライベートで出会う人から決まって驚かれることがあります。それは「子供がいるようには見えない」らしいのです。私が、「高校生の長女が～」と話をはじめると、さらに輪をかけて仰天されます。

それに加えて、「あゆみさんは、普段のケアはどんなことをされているんですか？」

とか「若々しくいられる秘訣を教えてください」と質問されることもしばしば。

複数の会社を経営しながら仕事もプライベートも充実していることは、とても幸せなことだと思っています。しかし、私自身が健康でなければ仕事や育児などに意識を向けた今のような生活は難しいかもしれないということも同時に感じています。

人生100年時代といっても「今」が幸せであったり、この先の明るい未来に向けて駆け抜けるパワーがなければ、忙しい毎日に追われて自分をすり減らして人生は終わってしまいかねないのです。

そうなると、地球軸はおろか自分軸を持つことさえもままならない状況に陥ってしまうことでしょう。

だからこそ、ご自身が幸せを感じる瞬間や輝いているときをイメージして、エシカルとオーガニックを身近に感じる生活を送ってみてください。たった一度だけ取り入れてみるだけでも、何かが変わっていく感じ――変化の予兆のようなもの――を抱かれるはずですから。

人生は毎日の積み重ねからできています。長いスパンで物事を捉え、人生設計や計画性を持つことも大切ですが、日々の過ごし方を見直すこともまた重要なのです。

ご自身の1日のタイムスケジュールを書き出してみてください。それを見ながら、あなたは何にどのくらい時間を使っているでしょうか？ 健康・美容のために、どんな習慣を送っていますか？

1日を通して、長く時間を費やしているものを考えると、睡眠と仕事がまず挙げられるでしょう。そして往復の移動時間、複数回の食事の時間と続いていくのではないでしょうか。

生活習慣が違えば当然ながら体調は異なります。誰一人として同じケースはありません。しかし、1つだけ確実に言えることがあります。

誰もが無意識に呼吸をしているように、日々身体は当たり前のように老廃物を溜め込み、排出しているということです。

いかに溜め込むことなく毒を出す習慣を身につけているか。はたまた、食事などを通して必要なものを無理なく補っているか。

そういう日々の小さな積み重ねが、身体のパフォーマンスや免疫力の向上につながり、疲れや年齢を感じさせない美しさや、健康状態に導いてくれるのです。

本章の最後に私の日々のルーティンをご紹介したいと思います。ウィークデイはこのルーティンをベースに生活を続けています。ぜひ、皆さんも今一度ご自分の習慣やタイムマネジメントを見直し、変えられそうなポイントがあれば改善を試みてみてください。

次の章からは、「エシカル オーガニック ビューティ」を追求するためのより具体的なメソッドをご紹介していきます。

My Daily Routine

私の1日のルーティン

6:00　起床
歯みがき
水分補給&温活
(ホット青汁、白湯を飲む)
洗顔・保湿
モーニングケアのルーティン
(P170参照)
子どもの食事準備
朝食、栄養補給(サプリメント)
身支度、メイクなど

8:00　自宅を出発
子供の送迎
移動

9:00　オフィスワーク
講演活動
打ち合わせetc.

12:00 ランチ、栄養補給(サプリメント)

休憩
・ハーブティーでリラックス
・栄養補給(プロテイン、酵素)
・保湿・乾燥対策

18:00 移動
子供のお迎え(主人と交代制)
買い物

19:00 帰宅
夕食
家族と団らん
バスタイム
(P182参照)
メイク落とし・洗顔・保湿など

21:00 子供の寝かしつけ
ナイトルーティン
(P184参照)
マッサージ、ヘアケア、歯みがき

23:00 就寝

Chapter 4

Ethical Organic Beauty

地球にも自分にもやさしい
7つの美容メソッド

Method

1

Warm
the Body

身体を温める【温活】

現代病ともいえる「冷え」の悩み
身体を温めることが何よりも大事

ここからは、心身ともに健康なライフスタイルをおくって「エシカル オーガニック ビューティ」を目指していくために有効な、さまざまなメソッドについてご紹介していきます。私自身の経験と実践の積み重ねで得た内容を惜しみなくお届けしていきます。

その内容は多岐に渡りますが、一気にすべてをやってみるのは難しいと思いますので、皆さんご自身が気になっている不調などを解消するために、「これはやってみようかな」というポイントがあればぜひ取り入れてみてください。そして、しばらくの間、続けてみてください。何ごとも継続あるのみです。きっと変化を実感してもらえるはずです。

最初にお伝えする内容は、身体を温める「温活」についてです。「あらゆる不調のもと」といわれているのが「冷え」であり、とくに悩まされている女性は多いと思います。近年では、冷えは寒い季節特有の悩みではありません。職場や飲食店、百貨店などの施設、電車などの公共交通機関の車両内がエアコンによって冷やされることで、暖かい季節であってもその環境下で過ごすと慢性的なダメージを受けてしまうことが多々あります。

身体が冷えることで何が起こるかと言えば、やはり代謝が落ちてしまうことが挙げられます。そうなると、内臓が万全に機能しなくなったり、自律神経のバランスが崩れたりして、免疫力を低下させてしまう原因になるとも言われています。

もちろん、代謝が落ちることで太りやすくなる身体にもなりますから、冷えは日頃から防ぎたいものです。

冷えないように重ね着をするなど、外側からの対処は当然誰もが簡単にできるものですが、やはり身体を内側からしっかりと温めることは、日々のパフォーマンスにも関わってくる習慣ですので、すぐにでも実践してもらいたいと思います。

身体をととのえるためには水が命 水分補給を工夫してみましょう

冷え対策でもっとも手軽にはじめられるものをご紹介すると、「水分補給を工夫すること」です。

現在、そのライフスタイルが女性に最も支持をされている女性タレントさんは、「毎日の水分補給で白湯を2リットル飲む」ことを公言されているのは有名な話です。たとえば、冷えた水と温かい水を飲んだとき、身体の中で何が起きているかを想像してみるとその違いは明らかです。

さらに、1日に必要な水分量の計算式から算出すると、例えば体重50kgの30歳女性の1日に必要な水分量は、「50（kg）×35（mℓ）＝1750（mℓ）」となります。

食事からも水分は摂れますが、やはり日々の生活習慣からお水を飲む量を増やしていき、目標として1・5リットルから2リットルは飲んでいただいた方が望ましいでしょう。

水分補給は常に頭に入れて

仕事に集中したりすると水分補給を忘れてしまいがちですよね。折を見て積極的なウォーターチャージを。マイ水筒を持ち歩くのもおすすめです。目覚めの一杯はまさに“命の水”のようなものと認識してください。

いくら暑い季節でも、エアコンがきいた部屋にずっといると身体が冷えて縮こまってしまうように、身体の中に入れる水分も、冷たいものばかりでは内臓が本来ある機能を発揮しきれなくなってしまうのです。

そして、水分を摂るタイミングにも知っておいてもらいたいポイントがあります。毎日の生活の中で〝ここだけは必ず水分補給をしておきたい〟のが、「起床後、食前、喉の渇きを感じる前、運動前後、入浴前後、就寝前」の6つです。

寝ている間の代謝によって、体内ではコップ1杯分くらいの汗をかいています。そのため、起床後は脱水状態になっています。それだけでなく、不要な老廃物を外に排出してくれる効果もあるのです。このタイミングで飲むものは、体に負担のかからない常温水か白湯を飲むのがおすすめです。

さらに、朝はまだ腸が動いていない時間帯ですが、水を飲むことで胃腸のぜん動運動を促進させるきっかけとなるのです。まさに、目覚めの一杯は、生命活動のスイッチを入れる役割を果たしてくれます。

「食事前」の水分補給について。食事中は、食べたものを消化するために内臓が活発に動き出すタイミングです。冷たい水ではなく、温かい水分を食前に口にしておくことで内臓を温めてくれる効果が生まれますので、消化力をサポートしてくれます。ただ、食事中に水をたくさん飲むと消化酵素が薄まってしまい、消化不良を起こす可能性があるので注意が必要です。

次に「喉の渇きを感じる前」ですが、喉が渇いたと感じるタイミングは、体内で水分不足が生じているサインです。そのまま水分不足状態を放置してしまうと、脱水症状や熱中症などの健康被害につながる恐れがありますので、なるべく喉の渇きを感じる前にこまめに水分補給をしてください。

「運動前後」に水を飲むのも、脱水症状が起こらないようにすることが目的です。人間は、体重の2％の水分を失うと軽い脱水症状を起こすことがあると言われていますので、運動を行う約30分前から水を飲み始め、運動中は15分おきに水を飲むようにしましょう。

次に、「入浴前後」ですが、温度差があるため家の中でももっとも発作が起こる可能性が高い場所ともいわれるのが浴室です。実際、冬場になると高齢者の方がお風呂場で亡くなってしまうケースが多いことはよく知られています。

お風呂に入る前にコップ1杯の水を飲んでおく、あるいは長風呂の方はお風呂場の中に水を持ち込んで適宜水分補給をすることで、脱水症状や気温差の緩和につながるので安心です。

6つ目のタイミングが「就寝前」です。私は白湯を飲むようにしています。たった一杯飲むことで、副交感神経の働きが優位になり、リラックス効果が高まります。

ただ、気をつけたいのは寝る前に一気に飲むのではなく、少しずつ口にしてゆっくり飲み干してください。寝つきがよくなることも報告されていますので、次にお伝えする睡眠面でも効果が期待できますよ。

冷えは、血液をはじめ身体の水分の滞りの原因にもなっているので、外側からマッサージをすることも非常に効果的です。

私のおすすめは、入浴中と入浴後のマッサージ。身体が温まっている状態でマッサージをすると、血行促進効果に期待できます。仕事中に立ちっぱなしや座ったままのデスクワークなどをしている人は、足の血行が滞っている人が多いので、足先から足の付根までをつまんだりもみほぐすと足が軽くスッキリします。

さらに、「第2の心臓」と呼ばれ、血液を心臓に戻す重要な働きをしているふくらはぎの部分も入念にマッサージをしておくとより効果を感じることができます。

お風呂から出たあとに、ボディクリームを使って全身のスキンケアをしながら各部位をマッサージする時間をつくるのもおすすめです。ぜひバスタイム後のルーティンに加えてみてください。

冷え対策のマッサージ

就寝する前に一度はやっておきたいセルフマッサージ。ふくらはぎを揉んだりするのはもちろん、足の裏でゴルフボールを踏むだけでいろんなツボが刺激されるのでおすすめです。

Method 2

Sleep Improvement

睡眠力の向上【眠活】

世界でも睡眠に悩む日本人
あなたはよく眠れていますか？

あなたは毎朝、「よく眠れた！」と清々しい気分で目覚めていますか？

２０１０年に行われた「世界5都市、平日の睡眠時間と、理想の睡眠時間」についての調査があります。５都市とは東京、ニューヨーク、上海、パリ、ストックホルム。それぞれの都市で暮らす方々に、「理想の睡眠時間」と「実際の睡眠時間」を訊くという内容です。

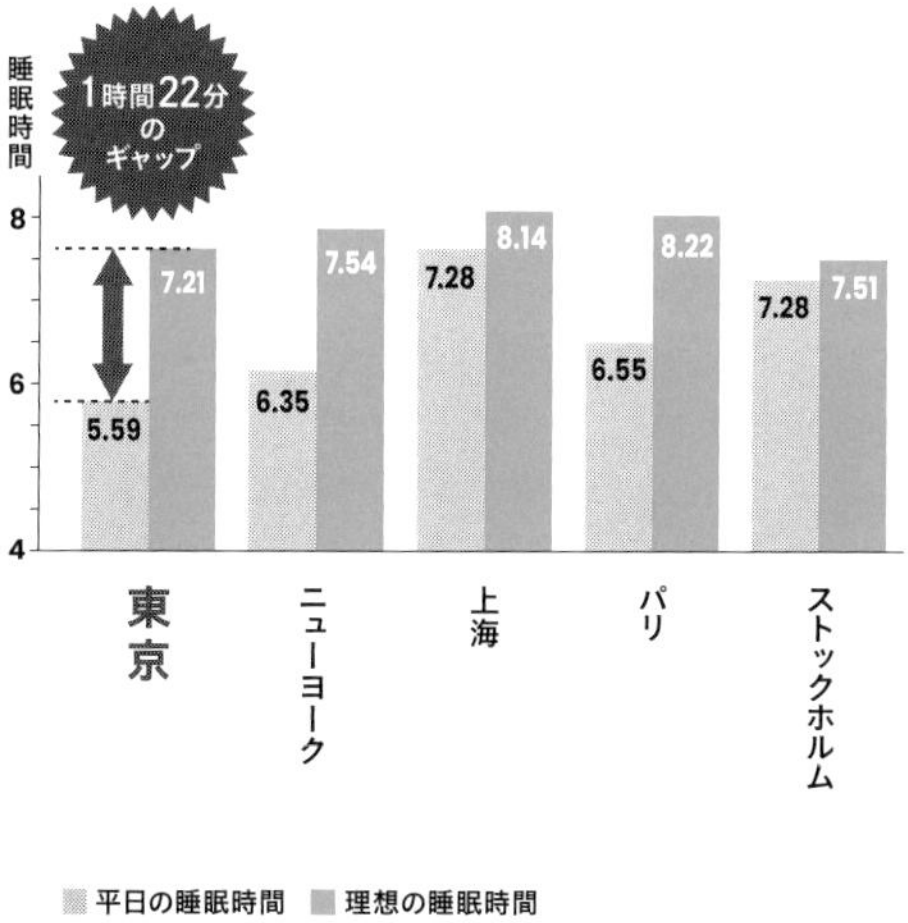

世界5都市、平日の睡眠時間と理想の睡眠時間

理想と現実の睡眠時間の差は、明らかに東京が激しいことがわかります。これは平日のデータですから、“頭では寝たい”と思っている人たちは休日にその分の寝だめをすることにつながります。

＊味の素が行った意識調査の結果に基づく

結果は、東京で暮らす人たちは平均7・21時間を理想の睡眠時間と考えていますが、実際には平均5・59時間しか眠れていなかったのです。実に1時間22分ものギャップが生じていました。これは他の4都市と比べても最も大きな格差です。そして、当然ながら「睡眠負債」が社会問題となっている現在は、そのギャップの差はさらに拡大してしまっていることは疑うべくもありません。

皆さんも大なり小なり睡眠についての悩みを抱えていると思います。

- □仕事が忙しくて理想とする睡眠時間が確保できない
- □睡眠時間が不足しているから仕事中に眠くなる
- □寝る前にスマホをいじっていたら深夜になって慌てて眠りにつく
- □どうしても途中覚醒してしまう
- □睡眠が浅く、疲れがなかなか取れない
- □平日の睡眠不足を取り返すべく休日は寝だめしてしまう

睡眠、とりわけ深い睡眠状態に入っているときは、脳の老廃物の掃除が行われていて、それは仕事のパフォーマンスをアップさせてくれるもっとも重要な時間です。

逆をいえば、睡眠をおろそかにしてしまうと、寝つきが悪い、朝起きられない、疲れがとれないなど、身体の回復が追いつきません。そして疲労が解消されることなく蓄積され、最終的にはメンタルに影響を及ぼすことも。もちろん、お肌へのダメージもそれなりのものがあることは言うまでもありません。

あなたの睡眠レベルをチェックしてみましょう

- □ 目覚めたときに疲労感が残っている
- □ なかなか眠りにつけない
- □ 夜中に何度も起きてしまう

□平均睡眠時間が5時間以下
□起き上がるときに身体が重い
□日中眠くなってしまうことが多い

良質な睡眠がもたらす効果

□肉体疲労の回復
□心と精神の安定
□記憶の定着
□免疫力アップ
□集中力アップ
□アイデア力のアップ

フルボディメンテナンスを実現させる「睡眠のゴールデンタイム」とは

睡眠時間で、もっとも重要とされているのが、眠りについてからの最初の約70~90分間です。「睡眠のゴールデンタイム」と呼ばれるこの時間は、成長ホルモンが分泌され、身体をととのえてくれる時間です。「身体」と一言で表してもそれは多岐に渡っています。脳、心臓や肺、胃腸、免疫、内分泌、皮膚、骨や筋肉などに好影響をもたらしてくれる、フルボディメンテナンスと言えるでしょう。

成長ホルモンは、その名前から子供の成長期に必要とされるもののように思われがちですが、傷ついた細胞を修復したり、新陳代謝を活性化してくれるなど、年齢問わず、健康にも美容にもかかせないホルモンといえます。

睡眠は、心と身体が両方休まる一日の中でも貴重な時間であり、決しておろそかにしていいものではありません。睡眠に関わる不調が慢性的に続けば、日常生活にも支障をきたし、治療が必要な睡眠障害に陥るリスクも高まります。単に「長い／短い」といった総睡眠時間の問題だけでなく、深く安定した質のいい眠りを少しでも増やしていくことが大切です。

睡眠時間がなかなか確保できない場合でも、質の良い睡眠をとる工夫をするとよいでしょう。

睡眠についての最後の締めくくりとして、良質な睡眠を叶えるためにできる工夫をいくつかご紹介したいと思います。

睡眠の質をあげる方法1

入浴

温活でも重視されていますが、入浴はすべての人が実践してほしいことの一つ。仕事で遅く帰ってきたときでも、たとえ睡眠時間が少し短くなったとしても温かいお風呂に浸かることをおすすめします。

最新の睡眠科学では、体温が下がる（身体の熱が放出される）ときに眠りにつくと、深く安定した睡眠ができるという研究結果が出ています。

ですので、就寝する1時間前までに38〜40℃のぬるめのお湯に、10分〜20分かけてゆっくりと入浴をすると、ベッドに入ったときにちょうど体温が下がり始めるのでおすすめです。

この方法で入浴していると、熱の刺激によって体内で細胞の損傷を防ぐタンパク質である「ヒートショック・プロテイン70（ＨＳＰ70）」が生み出されます。ＨＳＰ70は、ストレスによって損傷を受けた細胞を、ストレスがかかる前の状態に修復してくれる働きがあります。さらに、深い睡眠の割合を増やしてくれる効果も報告されています。

入浴については前述しましたが、もちろん睡眠にも効果てきめんです。たとえば、冬場に仕事で遅くなって帰ってきて、早く寝たいからといってシャワーだけで済ませてしまうと、体が冷えてしまい、布団の中で身体を温める時間がいつもより長く必要になってしまいます。結果的に睡眠時間が短くなるのです。だからこそ、そういう場合は少しだけ睡眠時間を削ることになったとしても、しっかりと湯船に浸かって身体を温めてから眠るようにしてください。

1回の入浴は、免疫力の回復につながります。次の日に疲れを持ち越さないためにも、シャワーを浴びるだけでなく、しっかりと湯船につかる入浴をルーティンにしてください。

身体を温める成分が入った入浴剤や、香りの良いバスソルトを入れてリラックスするのも気持ちいいですよね。おすすめの入浴剤は5章の「バスタイム」で紹介していますので、参考にしてみてください。

私の場合は、さらにアイピロー、ネックウォーマー、手首ウォーマー、レッグウォーマーをするなど、特に冬場はなるべく身体を冷やさないように気をつけています。

睡眠の質をあげる方法2

アロマ

香りがもたらす効果は想像を超えるものがあります。
今は様々なツールでアロマを楽しむことができるので、
自分に合ったやり方を見つけてください。

ヨーロッパなど、自然療法が進み、保険適用にもなっている国々では、植物から抽出されたエッセンシャルオイル（精油）を用いて、さまざまなセラピーを行っています。

睡眠科学における研究でも、リラックス効果の高いアロマは有効とされています。香りには脳を癒す効果があり、さらに副交感神経を優位にしてくれるので、自律神経が乱れているときや興奮して寝つきが悪い人にもおすすめしたいアイテムです。

私が日常的に取り入れていて、おすすめのアロマは「ラベンダー、カモミール、ゼラニウム、ヒノキ」などがあります。皆さんも自分の好きな香りを見つけてみてください。

エッセンシャルオイルは、ディフューザーを使ってお部屋で香りを楽しんだり、アロマストーンにたらして枕元に置くなど、生活のあらゆるシーンで楽しめます。

最近では、オーガニックのエッセンシャルオイルが配合された入浴剤やバスソルトといったラインナップも増えてきました。良質な睡眠に、リラックスできる香りを取り入れてみてください。

睡眠の質をあげる方法3

習慣化

寝ようと思ってもなかなか眠りにつけないことが多々あります。睡眠モードに切り替えるため、そして自身の睡眠状況を把握するため、できることにトライしてみてください。

睡眠には種類があり、心が休まっている睡眠と身体が休まっている睡眠は異なります。成長ホルモンを分泌して疲労感や身体の細胞修復を行うのが「ノンレム睡眠」。そして、ノンレム睡眠のあとにやってくるのが、記憶の強化や定着を担い、脳の発達にも重要な「レム睡眠」です。

スマートウォッチを装着して寝たり、睡眠に関するアプリを使用すると、自分自身のノンレム睡眠やレム睡眠がどのように現れるか、また総睡眠時間におけるそれぞれの割合が視覚化されるので、現在の睡眠状況の把握にも役立ちます。

眠りたいのに眠れないというときには、無理に寝ようとせず、左記のようなことをしてみるのもおすすめです。

- □前向きになれる本を読む
- □オーディオブック&ポッドキャストなど音声コンテンツを聞く
- □次の日の準備をしておく
- □紙に書き出す（頭を空っぽにする）
- □その日嬉しかったことを3つ書き出す

Method
3
Eating Habits

内側から美しくなる【食事法】

栄養バランスを崩さないために「食べる順番」について考えてみる

内側から美しくなる食事法について考えたときに、最初に意識したいのが「食べる順番」です。

毎回の食事で食べる順番を、最初にスープなどの汁物から摂り、続いてサラダやおひたし、野菜の煮物、きのこや海藻など食物繊維を含むものを食べたあと、豆や豆腐などの植物性タンパク質のおかず、卵やお魚、お肉などの動物性タンパク質のおかず、最後にパンやごはんなどの炭水化物をいただくだけ。

その順番を守ることにより、急激な血糖値の上昇を防ぎ、脂肪の吸収を抑えるので、太りにくくなります。

詳しく順番についてみていきましょう。

1　野菜のおかず・汁物（副菜・食物繊維）

野菜の中でも守りたい順番があり、「サラダなどの生野菜↓お漬物↓火の通った野菜」の順に食べてください。

野菜を先に食べると、食物繊維から消化していくので、血糖値があがりにくく、脂肪の吸収も抑えられます。また、野菜に含まれる豊富な食物繊維をよく噛むことで、満腹感が得られやすくなります。

さらに、汁物を先に飲むことで空腹感が落ち着きます。汁物があるときは、先に飲むようにしてください。

2　卵・魚・肉・豆腐などのおかず（主菜・タンパク質）

次はタンパク質がとれる主菜です。豆や豆腐などの植物性タンパク質が含まれる食材を先に食べてください。動物性食材を食べる方は、その次に卵・お魚・お肉の順番に食べましょう。

3　ごはん・パン・麺（主食・炭水化物）

最後に、ごはん・パン・麺などの炭水化物が摂れる主食です。白米よりは「玄米」を、食パンよりは「全粒粉パン」を、うどんのように白いものより、そばのように「茶色いもの」を選ぶと、より効果が期待できます。

精白されてない食品は、不溶性食物繊維・ビタミンが豊富なうえ、ＧＩ値が低いので、身体にゆっくりと吸収されて腹持ちが良くなります。

〈食べる順番に気をつけると得られる効果〉

●食事の総カロリーが抑えられる

比較的低カロリーな野菜や汁物を先に食べてお腹を満たすことで、主菜や主食の量が減り、全体の摂取カロリーが抑えられます。また、野菜は噛み応えがあるため食事時間が長くなり、少量でも満腹感を感じやすくなります。

●血糖値の急激な上昇を避け、脂肪をつきにくくする

いきなり主食から食べ始めると、急激に血糖値が上昇して大量のインスリンが分泌されます。インスリンは糖を脂肪細胞に運ぶはたらきがあるので、脂肪がつきやすくなる原因にもなります。

野菜・汁物のおかずに多く含まれる食物繊維は、糖の消化吸収を遅らせ、血糖値の急激な上昇を抑えてくれますので、食べる順番を変えることによって、健康で太りにくい身体を手に入れることができます。

●バランスのとれた食事になる

なにかを制限するような食事法とは異なり、しっかりと「野菜」「主菜」「主食」を摂ることができるので、バランスの良い食事になります。

私からは、日頃の食事にも応用できる〝内側から美しくなるための、たった2つのこと〟についてご紹介します。

1つ目は、食べる順番を工夫すること。

2つ目は、バランスよく食べること。

たとえば、外食時の選択肢として、丼ぶりごはんと定食があった場合、あなたならどちらを選びますか？

食べやすさや限られた時間で食事をするときなど、つい丼ものを選んでしまうこともあるかもしれませんが、この2つならば断然定食をおすすめします。

食べたものが体内に入ると、それぞれ異なる酵素が分泌されて消化されていきます。さらに、よく噛めば噛むほど唾液が分泌されて脳への刺激に変わり、胃腸が活発に動き、消化の負担を減らしてくれます。

ごはんとおかずが分かれて、品目ごとに食べ進める定食は、食べごたえもあり、身体のためにも理にかなっている食事といえます。さらに、栄養バランスについても丼ものに比べて考えられている点からも定食がおすすめです。

特に意識したいのは、温かい汁物や飲み物から口に入れることです。私が毎朝欠かさず行っている、目覚めてまず一杯の白湯やホット青汁を飲むことも、前述の温活にも通じていますが、体温以上の温度のものから口にすることで、身体を芯から温めて内側から血液を巡らせ、内臓を活発にすることが目的です。

ボリュームのある料理や揚げ物など、消化に負担がかかるものを食べはじめる前に温かい汁物や飲み物を飲むことは、できればどんな食事のときにも意識しておきたい重要なポイントです。

食べる順番は、コース料理をイメージする
そして「太りにくい三原則」を常に念頭に置く

食生活について、よく話題に上がるのは「太りにくい食事」です。自炊も外食も、食事のバランスを考えずに好きなものばかりを食べていると、現代では糖質過多になってしまい、当然太りやすい身体に向かってまっしぐらです。

前述した〝最初は温かいものから口にすること〟や〝消化しやすい順番を意識して食事をすること〟を実践するだけで、太りにくい食事が可能になります。これを「する／しない」で大きく結果が異なるのです。

では、具体的にどのようなことに意識すればよいかというと、私はいつも「コース料理を思い浮かべてください」とお伝えしています。

コース料理といえば、前菜やスープといった、消化のいいものからはじまり、徐々に消化に時間を要する肉や魚といったメイン料理が提供されていきます。それが、自宅では真逆になってしまっている人が多いかもしれません。

もっとも身体にやさしく、ダイエット中にもおすすめなのは、やはり和食です。世界中を見ても、和食ほどバランスがとれた、低カロリーな食べ物はありません。

特に、身体をあたためる汁物から食べ始められることや、極端な偏りなく複数の品目をとれることからも、自宅では和食をベースにしたうえで「一汁三菜」「まごわやさしい」を意識するとよいと思います。作る時間がないという方は、外食を和食にしていただくだけで随分と変わってくるはずです。

「まごわやさしい」とは、「まめ、ごま、わかめなどの海藻類、やさい、さかな、しいたけなどのきのこ、いも」という食材の頭文字をとって命名されました。これらの食材には、日々の生活で不足しやすいビタミンやミネラル、食物繊維などが含まれていることが特長です。生活習慣病予防につながる「まごわやさしい」を積極的に食事にとり入れましょう。

一方で、ダイエットしている方のなかには、〝いくら食事を工夫してもなかなか痩せづらい〟という人がいます。

「痩せにくい／太りやすい」という人は、往々にして代謝が落ちていたり身体が冷えて巡りが悪くなっている傾向にあるからです。健康的に無理なくダイエットをするなら、代謝を上げて、巡りをよくすることが何よりも重要です。

腸活
温活
血流をよくする

この3セットを徹底して意識的に行うと、少しずつ痩せやすく、太りにくい身体になっていきます。

血流をよくすることと温活はなかばセットな部分もありますが、お風呂の中でボディクリームやオイルを塗りながらマッサージをするなど、外側から刺激を与えるアプローチをするボディケアを行ってみてください。

マッサージをするときは、身体を温めたり血流をよくする天然成分が使われたボディオイルなどを活用するのもよいでしょう。

さらに、これも既述のことですが、冷たいものをとらないように気をつけながら水分補給をしたり、バスタイムにはしっかりと湯船に浸かることも重要です。身体を冷やさない工夫を積極的に心がけましょう。もう一つの腸活については、次項でしっかりとお伝えします。

第6の栄養素「食物繊維」を摂取　そして健康食品やサプリメントも活用

しばしば耳にする内容だと思いますが、人間の細胞は、約4ヶ月で生まれ変わると言われています。

日々口にするものから身体の組織は生まれていきますから、新しい細胞をつくりあげるためにも、新陳代謝をよくするためにも、栄養バランスは常日頃意識したいところです。

一般的にも知られている5大栄養素とよばれる、「たんぱく質・炭水化物・脂質・ビタミン・ミネラル」はもちろんですが、意識的にとりたい品目は、〝第6の栄養素〟として知られる「食物繊維」です。

食物繊維は、腸内の老廃物をからめとってくれる存在でもあるので、腸活やデトックスにも深く関係しています。腸は、胃で消化された食物の栄養を吸収する臓器でもありますから、摂取した食品の栄養を効率よく吸収するためには、腸がきれいである必要があります。

さらに食物繊維は二種類あり、昆布やわかめなどに含まれる水溶性食物繊維と、ごぼうやさつまいもなどに含まれる不溶性食物繊維にわけられます。前者は胃腸内をゆっくり移動して糖質の吸収をおだやかにするだけでなく、便がスムーズに体外に排泄できるようサポートします。そして、後者は水に溶けずに水分を吸収して膨張し、便のカサを増やして腸の働きを刺激してくれます。

さらに、食物繊維には、脂質や糖質を吸着し、体外に排出する働きもあります。

脂質や糖質の摂取過多によって引き起こされる症状である、肥満や高脂血症、糖尿病や高血圧といった生活習慣病の予防にも期待できるのです。食物繊維が多く含まれている野菜は、通常の野菜以上に意識的に日々の食事に取り入れるようにしてください。

体内で食べ物が消化される際に分泌される「消化酵素」は、加齢とともにどんどん減っていくといわれています。それに対して、加熱をしていない生野菜や刺身など、非加熱の食品（ローフードおよびリビングフード）に含まれる「食物酵素」は、体内の消化の働きを助けてくれる酵素です。

消化をするときの負担を減らしてくれることからも、体内の酵素を健康的に維持するためにも、スムージーやローフードなどを通して食物酵素を積極的にチャージすることをおすすめします。

そうは言っても、毎食のように生の食品を食べるにはどうしても限度があります。そんなときにおすすめなのが、酵素サプリメントです。

私は、粒や顆粒でおいしく摂取できる青パパイヤ酵素をいつも持ち歩くようにしています。疲れを感じたときにも、コンディションをキープしたり、パフォーマンスの向上に期待ができるので、おすすめの健康食品です。

Method

4

Keep the Gut Healthy

腸内環境をととのえる【腸活】

健康のカギをにぎる腸内環境 腸と腸内細菌の役割とは

先ほど紹介した「太りにくい三原則」にも入っている「腸活」について、さらに詳しくお届けしていきたいと思います。

この5年ほどの間に腸活を実践する人は急増しました。健康や美容においてさまざまなメリットがあることがわかってきたこともありますし、コロナ禍において感染予防のために自身の免疫力をアップさせる必要があり、それを目的として取り入れはじめた人もかなり多いのではないでしょうか。

さらに、日本古来の発酵食品と腸活ムーブメントの親和性の高さも相まって、腸活を特集した雑誌がヒットしたり、腸にまつわる書籍が人気を博したり、腸にいい習慣をおくる健康法である腸活はすっかり認知されたものとなりました。

そんな腸活において鍵を握っているのは「腸内細菌」です。腸に存在する腸内細菌の種類はおよそ1000種あり、その数は実に100兆個に達するといわれています。約1億の神経細胞が集まっている腸は、消化吸収のみならず、脳や血液、排泄など、健康機能に欠かせない役割を担っています。

日和見菌は優勢な方の味方をする

分類	代表的な菌	作用	からだへの影響
有用菌（善玉菌）	・ビフィズス菌 ・乳酸菌	ビタミンの合成 消化吸収の補助 感染防御 免疫刺激	健康維持 老化防止
有害菌（悪玉菌）	・ウェルシュ菌 ・ブドウ球菌 ・大腸菌（有毒菌）	腸内腐防 細菌毒素の産生 発がん物質の産生 ガス発生	健康阻害 病気の引き金 老化防止
日和見菌	・バグテロイデス ・大腸菌（無毒菌） ・連鎖球菌		健康な時は、 おとなしくしているが からだが弱ったりすると、 腸内で悪い働きをする

腸内細菌の種類を知ろう

腸内細菌についてしっかりと知り、どのような特徴があるのかを把握しましょう。
そして、日頃の食事から善玉菌を増やしていく取り組みを行いましょう。

腸内細菌は大別して3つに分類されます。消化吸収を助け、免疫に寄与し、ビタミンなどを生成する「善玉菌」。乳酸菌やビフィズス菌、酪酸菌がそれに当たります。

そして増えすぎると有害物質を生成する「悪玉菌」。大腸菌や黄色ブドウ球菌などが代表的な菌です。

もう一つが、腸内環境のバランスによって善玉菌にもなれば悪玉菌にもなりうる「日和見菌」。近年、「ヤセ菌・デブ菌」という表現がよく使用されるようになりましたが、いずれも「日和見菌」に当たります。

日和見菌は中立の立場をとっていますが、優位な方の味方につきます。腸内環境が善玉菌優位になるとヤセ菌となって痩せやすい体質になり、悪玉菌優位になるとデブ菌となって太りやすい体質になるのです。

そのため、食べるものや運動、睡眠によって善玉菌優位の身体をつくることが大切になります。

腸活は、腸内細菌の善玉菌の割合を増やして腸内環境を整えることを目的として広がりましたが、実際は「善玉菌」「悪玉菌」「日和見菌」の3つが「2：1：7」の割合になると良いとされています。

善玉菌、ビフィズス菌など

善玉菌が増えると……

善玉菌が増えることの影響

乳酸菌やビフィズス菌を積極的に摂取して、腸内に善玉菌を増やしていくと上記のような効果が期待できます。肌もキレイになるところが嬉しいですね。

さらに重視したいことは、ビフィズス菌などの善玉菌を積極的に摂取することである「プロバイオティクス」と、食物繊維など善玉菌のエサになるものを摂取する「プレバイオティクス」を同時に実践することです。腸活を実践して

大腸菌、ウェルシュ菌など

悪玉菌が増えると……

悪玉菌が増えることの影響

一方で食事をおろそかにしていると、腸内は悪玉菌が優位になってしまいます。そうすると免疫力も低下して、疲労が取れず、便秘になってしまいます。

いる人でもプロバイオティクスに偏ってしまっている人が多いので、これらを食事から同時に摂取するように心がけてください。
最後に、あらためて腸内細菌のはたらきを整理してみたいと思います。

消化・吸収

腸から吸収された栄養分は、血液とともに全身をめぐります。排泄時に必要なぜん動運動に欠かせないエネルギー源の生成にも、腸内細菌が重要な役割を果たしています。

血液をつくる

身体の中では、いくつもの場所で血液がつくられています。血液がつくられる場所のうちの一つが腸です。

免疫力・病原菌の侵入を防ぐ

体内の70％という免疫細胞が腸に存在しています。さらに、外部からの細菌や病原菌の侵入を防ぎ、万が一危険なものが入ったときは、腸の神経細胞や免疫細胞が吐き出したり下痢を起こさせることで、病気にならないように働いてくれる役割も持っています。

幸せホルモンの生成

腸は心と脳と密接な関係があります。感情をコントロールする神経伝達物質・セロトニンをはじめ、感情を支配する神経伝達物質の多くが腸でつくられているのです。「幸せホルモン」とも呼ばれるセロトニンは、5％が脳でつくられていますが、残りの95％は腸でつくられています。

排泄・解毒（デトックス）

体内の老廃物を便にして排出させることはもちろん、乳酸菌やビフィズス菌といった腸内細菌の善玉菌が、発がん性物質などの毒性のある物質を低減するといわれています。

いかがでしょうか？　腸のはたらきは私たちの想像をはるかに超えるものだと言えます。

多くの神経細胞が集まる腸は、交感神経系や副交感神経系を介して脳とつながり、脳と腸が双方向に影響しています。それが「腸は第2の脳」という考え方です。

このように、あらゆる生活習慣病に腸の健康状態が関わっていることからも、腸活の重要性がわかります。

腸が健康であれば、集中力がアップし、仕事のパフォーマンス向上や、疲れにくくなるなど、いいことづくめ。腸や栄養バランスが気になっている方は、まずは腸活からはじめてみるのはいかがでしょうか？

Method 5

Hair Care

キレイな髪をつくる【ヘアケア】

頭皮を畑だと捉えることで健康的な髪を生み出す

頭皮を健康的に保ち、いつまでもキレイな髪でいたいという想いは誰しもが抱いていることだと思います。そのためには「ヘアケア」の実践が不可欠ですが、一方でヘアケアといってもさまざまな悩みがあります。

皆さんはどんな髪の悩みをお抱えですか？

人によっては、髪の乾燥やパサツキ、加齢に伴いうねりやくせ毛が気になってきたなど、髪の悩みを改善させたいという人もいらっしゃるでしょう。あるいは、かゆみやフケ、薄毛が気になるなど、頭皮についての悩みを抱え、有効なアプローチ方法を知りたいという方もいらっしゃるはずです。

ヘアケア用品でいえば、新しいものがどんどん登場していますし、バスタイムに使うものからアウトバス用品、ブラシなどのツールまで、選びきれないくらいのラインナップがお店には並んでいます。正直、何を使ったらよいのか迷ってしまうのも当然の話だと思います。

私がヘアケアに関するご相談を受けるとき、もっとも重要だとお伝えしていることが、「スカルプケア（頭皮ケア）」です。

たとえるなら「頭皮は畑」です。畑づくりをイメージしていただくとわかりやすいと思います。栄養が行き届いた土からは、しっかりと根が張った強い作物が育ちます。逆に土に栄養が行き届いていなければ、到底元気な作物が生えてくることはありません。頭皮から生える髪についても考え方はそれと同じなのです。

だからこそ、適切な方法でスカルプケアを続けていけば、そこから生えてくる毛髪もおのずと美しくなっていきます。スカルプケアで気をつけたいポイントは次の2点です。

血流を良くすること

刺激を与えすぎないこと

健康的な毛髪は、毛根に必要な栄養が行き届くことで生えてきます。栄養は、血液によって毛根にまで運搬されますから、当然ながら全身の血流をよくすることが大切です。

そうはいっても、気をつけたいのは過度な刺激を与えないこと。それをやってしまうと逆効果になるので、注意が必要です。畑もそうですよね。土をとにかく細かく耕すことが重要だと勘違いしがちですが、実はそれは土が持っている本来の力を損ねてしまいますし、耕しすぎは食物の成長を阻害してしまうのです。

頭皮には、肌と同様に皮脂膜が存在し、紫外線などの外的要因から頭皮を守ってくれています。

そのため、爪を立ててゴシゴシ洗ってしまうと、頭皮を傷つけてしまう恐れがあります。

最近では、スカルプマッサージ専用の鋭利な形状のブラシを見かけることがありますし、実際に使用している方も多いと思いますが、頭皮を傷つけて常在菌のバランスを崩してしまいかねないので、過度なマッサージは禁物です。

また、強力な洗浄力のシャンプーも頭皮の乾燥の原因になるので気をつけたいところです。さらに、頭皮で一日の汚れが溜まったまま寝てしまうと頭皮の常在菌が増殖しやすくなり、かゆみなどのリスクが高くなります。

次に、私が考える理想的なヘアケア方法をご紹介します。

効果的なブラッシング

ブラッシングというと、お風呂から出て濡れた髪の毛のドライや、お出かけ前のヘアセットで行うものというイメージが強いかもしれませんが、大切なタイミングは「シャンプー前」です。

頭皮や毛髪には、余分な皮脂や古い角質以外にも、花粉、ホコリ、PM2・5など、空気中の汚れが付着しています。それらの不要な汚れを事前に落としておくためにも、シャンプー前に行うブラッシングは非常に効果的なのです。

ブラッシングをすると、頭皮の血流をアップさせながら汚れを浮かしてくれるので、スムーズに頭皮と毛髪を洗浄できます。ちなみに、シャンプーをする前とした後（お風呂からあがったとき）のブラシは、地肌の清潔を保つためにも使いわけることをおすすめします。

シャンプーの選び方

続いてはシャンプー選びについて。あなたは普段、どんなシャンプーを選んでいますか？

すっきりした洗い心地や、洗った後の髪の質感など、気にしているポイントはそれぞれですし、シャンプーといっても多種多様なものが販売されています。

ドラッグストアで購入できるシャンプーを使っている方も多いでしょうし、コスメのセレクトショップや専門店で購入できるオーガニックのシャンプーを愛用されている方もいらっしゃると思います。

その二つには様々な違いがありますが、「原料の違い」は大きな点です。オーガニックシャンプーは、有機栽培によって育てられた原料を使用して作られているのが特長です。とりわけ、商品にオーガニック認証マークがついているものは、世界各国に存在するオーガニック認証機関が設けた厳しい基準をクリアしている証でもあるので、安心感があり、シャンプーを選ぶ際の条件にしてみてもいいかもしれません。

なにより、エシカルとしても注目するべき点が、オーガニックシャンプーは「環境への負荷が少ない」ことです。

どうしても、一般的なシャンプーには化学物質が多く含まれています。シャンプーを使った際にこの成分が排水溝を通って流れ出ることで、川や海の汚染につながっていることが指摘されています。

オーガニックシャンプーは、自然界で分解されにくいような化学物質が不使用であるケースがほとんどですので、環境への負荷が少ないことが注目されている理由の一つです。

さらに、オーガニック原料を採用するということは、原料の生産過程で化学肥料や農薬によるリスクを減らすことにもつながります。

それは土壌を汚さないというだけでなく、そこで暮らす動物や微生物などの生態系が守られるということでもあり、栽培に従事する生産者が薬害に悩まされることもなくなるということなのです。

オーガニックシャンプーは使う側にとってもメリットがあります。一般的なシャンプーに使用されている石油系合成界面活性剤は、洗浄力が強く、肌に必要な油脂まで取れてしまうことで肌トラブルの原因として挙げられています。オーガニックシャンプーは、やさしい洗浄成分や保湿成分が使用されているので、髪本来のしなやかさを取り戻すことができるのです。

おすすめの洗い方と流し方

お気に入りのシャンプーが見つかったとしても、洗い方を間違えると十分な効果は得られません。

シャンプーは直接地肌につけてしまうと刺激が強すぎることがありますので、事前に手のひらの上で泡立ててから洗うようにしましょう。頭皮の血流は、心臓から上にめぐっているので、できるだけ下から上に向かって、指の腹を使って頭皮をもみこむようにするのがポイントです。

また、頭皮の皮脂膜は、夜寝ている間に分泌され、健康的な状態にもどります。朝にシャワーを浴びる方もいるかもしれませんがせっかく分泌された必要な皮脂を落としてしまい、地肌のバリア機能を低下させてしまうので、なるべくなら避けた方がいいですね。やるとしても湯洗いで済ませるのが賢明です。

すすぐ際は、湯温が高いと必要な頭皮の油まで落としてしまい、乾燥やフケの原因になってしまうので、なるべく高温を避けて37℃くらいを目安に湯洗いをしてみてください。

お湯で洗い流すだけでも十分汚れは落ちます。最低でも1分以上、理想は2分ほど時間をかけて、しっかりと湯洗いをすることで、シャンプーを使い過ぎる必要がなくなります。

また、髪にお湯をあてている時間をしっかりとると、事前にブラッシングで落とせなかった汚れも落とすことができて、やわらかい髪になっていきます。

髪の乾かし方

そして最後は、濡れた髪を乾かしますが、この際にも注意が必要です。お風呂から出たら、摩擦を起こさないように最初にタオルドライをして、すぐにドライヤーで髪を乾かしてください。タオルドライをしっかりやることで、熱風を当てる時間が短縮できます。

そうすることで、髪表面のキューティクルが整い、ダメージ防止になります。特に乾きにくい後頭部は、髪をかきあげながら地肌に風をあて、しっかりと乾かしましょう。

乾きが不十分なままにしておくと、頭皮に雑菌が繁殖してかゆみの原因となったり、うねりやダメージにつながります。ドライヤーの熱によって髪のダメージが悪化してしまうこともあるので、ドライヤーは頭皮から15～30センチ以上離し、熱風を当てる時間を少なくするといった工夫をしてみてください。

Method 6

Skin Care

日々の積み重ね【スキンケア】

日頃のケアを怠らなければ
若々しい肌は保つことができる

肌についてのトピックは、3章で書きましたが、ここでは私自身のスキンケアや洗顔方法についてお伝えします。

私はもともと乾燥がひどく、指先はいつもひび割れて血が滲んでいるような状態でした。生まれつき、肌が弱い体質だったのだと思います。子供の頃は季節問わず、夜はメンソレータム軟膏を塗って、手袋をして保湿しながら寝る生活が当たり前だったのです。

大人になるにつれて、極力自分の身体に、肌に、よいものを使いたいと思うようになりました。社会人を経て24歳で自分の会社を起ち上げた私は、経営者は人に会うことが仕事であることを知り、やがて講師として人前に立つ仕事が増えていったこともあり、身体によいものを使いたいという想いはますます強くなっていきました。そうして私がたどり着いたのが、「オーガニック」という選択肢でした。

口にする農作物をはじめ、身にまとう衣服の繊維として用いられるコットン、肌を保湿するオイルなどの保湿成分などなど、生きる上で自然の恵みに恩恵を受けているものが多くあります。

もちろん、私もシチュエーションによっては化学的な成分に頼らざるを得ないときもありますが、自然にも身体にもよいものを考えたときに、なるべく自然環境に負荷をかけないオーガニックは、私にとって最適で最良な選択肢と心から思えたからこそ、今もなお実践し続けています。

顔には全身の状態が表れることは3章でもご紹介していますが、乾燥をはじめ、シワやたるみなど、日頃のケアによって、いつまでも若々しい肌を保つ方法があります。ここでは、私が日頃気をつけているケアをご紹介したいと思います。

乾燥対策で赤ちゃん肌に

季節を問わず、乾燥対策を欠かさずに行っています。水分補給や洗顔後の保湿はもちろんですが、空間の湿度も重要です。自宅はもちろんですが、移動は車がメインということもあり、車内に加湿器をつけて対策をしています。

肌のうるおいをキープするために、バッグの中にはメイクの上から使えるオイルインミストが必ず入っています。乾燥が気になるとそれで保湿しています（P178バッグの中身参照）。

肌が乾燥してしまうと、いくら成分のいい化粧品を使用しても、メイクのノリが悪くなったり、崩れも気になりやすくなってしまいます。

日頃から乾燥ケアをしてうるおいをキープしていると、メイク悩みもなくなり、みるみる肌が若々しくなっていくので、肌の悩みを持つ人ほど乾燥対策をしてみてください。

小顔になる洗顔方法

毎日の洗顔は、メイクや皮脂の汚れを落とすものと思っている人が多いと思いますが、実際は肌に大きな負担をかけているルーティンの一つなのです。洗い方によっては、シワやたるみ、顔のむくみの原因にもつながりかねませんので、あらためて見直してみてください。

私が洗顔するときに気をつけていることは次のようなことになります。

・しっかりと泡立てて、なるべく摩擦を起こさない
・人肌以下の32℃のぬるま湯で洗い流す
・お風呂で顔を洗うときは、シャワーをあてて洗い流さずに、ぬるま湯を手ですくって洗い流す
・洗い残しはにきびの原因になるので、すすぎはフェイスラインまでしっかり、30回は洗う

さらに、自分の体温が低い場合も問題です。手が冷たくなってしまいますので、その場合は汚れがしっかり落ちない可能性が高くなります。実は基礎体温をあげていくことも、美肌には欠かせません。

P100で紹介している温活がどれだけ大事であるかというのも、これだけでわかっていただけると思います。

Method 7

Fem Care

女性の課題を解決する【フェムケア】

社会進出とともに変化する女性特有の課題

あなたは「フェムテック」という言葉をご存知ですか？

「female（女性）」と「technology（テクノロジー）」をかけ合わせて生まれたこの言葉は、女性の健康課題をテクノロジーで解決するという意味が込められた造語です。

月経をはじめ、不妊・妊活・セクシャルウェルネスといった女性特有の悩みやフェミニンケア（フェムケア）全般を指す言葉として、テクノロジーのみならず社会的な女性の課題解決といった意味までも含めて、広がりを見せています。

「女性に関することだから男性の自分には関係ないよね」と思われるかもしれませんが、そうではありません。女性自身が自身の健康に関してより理解を深めていくと同時に、さらに男性も今まで以上に女性に寄り添えるよう、よりリテラシーを高くしていかなければいけない時代になってきたからです。

こうしたフェムケアの注目度は、女性の社会進出を背景にさらに高まっています。

生理・妊娠・出産・更年期などからくる体調の変化は、仕事の生産性にも大きく影響します。女性がより健康で長く働けるためのケアが重要なのです。

このような悩みは、国としても認められていて「生理休暇」というものが定められていますが、実際のところ、日本ではまだ実施できている企業は少数派と言えるでしょう。

まずは女性特有の身体の変化や月経についてよく知り、うまくつきあっていくことが大切です。

人によっては月経前に不調になりがちな「PMS（月経前症候群）」で悩んでいる人もいれば、月経中に不調になる人もいます。最近では、日常生活にも支障をきたすほど、月経時期に悩みを抱えている人も増えているようです。

月経については、傾向も体質も一人ひとりが異なるため、何が正しいとはなかなかいい切れないことばかりですが、健康的な月経というのは3～4日で終了し、寝ているあいだは経血が出ないものといわれています。

経皮吸収率が一番高いのがデリケートゾーンで、腕を1とした場合、約42倍と言われています。一説では高分子ポリマーを含むケミカルナプキンを使用していることが月経の悩みの原因とも考えられているようです。また、睡眠中にも経血が出ている人は、自律神経が乱れていたり、内臓が冷えていることが理由として考えられます。

顔と同じように、デリケートゾーンも洗浄と保湿を

ナプキンの次に変えることをおすすめしたいのは、洗浄料です。

デリケートゾーンを洗うときに、身体と同じボディソープを使っていませんか？

前述したように、デリケートゾーンは経皮吸収率が高く、洗浄料や保湿剤の影響を受けやすい部分です。かゆみやかぶれ、においなど、気になる点がある方は、デリケートゾーン専用の洗浄料を使いましょう。

また、膣内には常在菌が活動しており、膣をｐＨ４・０前後の酸性に保ち、病原細菌の増殖を防ぐ役割を果たしています。

アルカリ性の強い石けんで過剰に洗いすぎると、常在菌を減らしてしまい、結果的に雑菌の繁殖を起こしてしまう場合があるのです。そのため、ｐＨ値が適切なバランスでつくられた、デリケートゾーン専用アイテムを使うことをおすすめします。

膣の環境が悪くなることによって、自然界に存在する弱毒のカンジダ菌（真菌）が増殖することがあります。カンジダ感染は、膣内の環境悪化以外にも、ストレスや体調不良で免疫力が低下している場合に、誰にでも起こり得るため、普段からのケアを大切にしたいですね。

やさしく洗浄したら、次に保湿です。顔はきちんと洗って保湿するという方が多いと思いますが、デリケートゾーンはどうでしょうか？

デリケートゾーンは、粘膜があり、尿やおりものなどの排泄物が触れる繊細な箇所。

保湿剤についても、デリケートゾーンにも使えるやさしい成分のものを使うほうが良いでしょう。保湿の際にも、強く擦らず、やさしくマッサージしながら保湿してあげるのがおすすめです。

私は、常在菌の働きを活かしながら洗浄・保湿できるオイルタイプのデリケートゾーンケア用品を愛用しています。そちらは5章でも紹介しています。

フェムケアについて、近年注目度が高まっているのは良いことだと思っています。

相談しづらい隠すもの、ではなく、重視すべきケアだという認識が一般化してきたのだと思います。仕事・家庭・プライベートなどライフワークバランスの軸となる健康のためにも、ぜひご自身をいたわっていただけたらと思います。

Chapter 5

Ethical Organic Beauty

My Daily Routine

コスメ＆ビューティアイテム

＋ My Favorite “私のお気に入り”

7. subi
マルラオイル／21mL
アフリカ産オーガニックのマルラをコールドプレスした無添加ピュアオイル。ビタミンEやフェノール類が含まれ、エイジングケアに最適です。

8. NowLd
プランプエッセンス／60mL
みずみずしいツヤと弾むようなハリを実感できる美容化粧液。

9. Davids
プレミアムデンタルフロス／30m
ナノヒドロキシアパタイト配合、レフィルタイプのデンタルフロス。

10. Davids
ホワイトニングトゥースペースト（チャコール）／149g
ホワイトニングだけでなく、口臭や乾燥のお悩みにアプローチ。

11. Davids
ホワイトニングトゥースペースト（ペパーミント）／149g
食品グレードの天然原料のみがベースのホワイトニング歯磨き粉。

12. mana. ORGANIC LIVING
竹歯ブラシコンパクト
磨きやすさにこだわったサスティナブル素材を使用した歯ブラシ。柄の部分にはFSC認証を取得した竹を使用。

Ethical · Organic · Beauty

Morning routine

—

モーニングルーティン

1. Be
Beグリーン／90g（3g×30袋）
乳酸菌3種×国産野菜15種。こだわりがつまった贅沢青汁。

2. mana. ORGANIC LIVING
バンブーコットンパッド10枚／パッド10枚（2色×5枚）、メッシュバッグ1枚
竹繊維100%で作られたバンブーコットンパッドは、ふわふわな肌触りで地球にもお肌にも優しい。

3. Supmile
ボタニカルケアオイルAZ／30mL
ユーカリ由来のアズレンを配合し、肌荒れを抑えキメを整えます。

4. EVOLVE
ディープクリーンミセラーウォーター／190mL
メイクも汚れもひと拭きでうるおいチャージのふき取り化粧水。

5. NowLd
プランプオイル B+／20mL
外的ダメージにアプローチ。肌をやわらかく解きほぐす高機能オイル。

6. NowLd
プランプオイル E+／20mL
みなぎるような弾力と濃密な潤いで肌を満たすプレミアムオイル。

Ethical - Organic - Beauty

Skin care

スキンケア

1. Supmile
パウダーウォッシュ＋
泡立てネット／60g
パパイン配合の酵素系粉洗顔。毛穴汚れを無理なく落とします。

2. Supmile
モイストウォーター／120mL
ザクロ果実エキス配合で水分循環を補い保湿にこだわった化粧水。

3. ICOR
Sakeフェイシャルマスク／
20ml(各1枚入)×5枚セット
湧き水純米酒の恵みを、ぎゅっと凝縮した1枚。ハリのある肌へ。

4. 采茶～SAICHA
采茶 SAICHA MATCHA Seed
Facial Oil／20mL
耕作放棄地に実る「茶の実」をアップサイクルした美容オイル。

5. Supmile
ボタニカルケアオイルBC/30mL
植物由来のビタミンC誘導体を配合し、べた付かず軽いサラッと肌に浸透する美容オイル。

6. NowLd
プランプエッセンス／60mL
みずみずしいツヤと弾むようなハリを実感できる美容化粧液。

7. PEACE LOVE veggy
フラワーオブライフセラム／60mL
ヘチマ水がベースのしっとり爽やかな使用感のウォーターオイルセラム。

8. Be
Beローション／100mL
キメが整いみずみずしい肌へ。心地よく潤う保湿化粧水。

9. Be
Beフォームウォッシング／
150mL
ふわふわの泡で洗い、つるんとなめらかな肌へ。

10. EVOLVE
バイオレチノール＋Cブースター／
15mL
乾燥などでくすみがちな肌を整え、潤いを与えて輝く肌へ。

11. ハイランドレメディーズ
アルニカマッサージオイル／60mL
めぐりのハーブアルニカのオイルは、むくみやすいフェイスラインにもおすすめです。

12. NowLd
グロースクリーム
(機能性クリーム)／35g
理想のハリとフェイスライン。美しく引き締まった肌に導くクリーム。

13. INLIGHT beauty
フェイスクレンザー／90mL
肌負担なくディープクレンジングする100%オーガニックバーム。

14. チャントアチャーム
モイスト クリーム／30g
角質層深くまで届ける。ハリを与える、高浸透*クリーム。
*角質層まで

15. EVOLVE
デイリーリニュー フェイシャル
クリーム／30mL
乾燥した肌に油分を与え、保護する。毎日使いのデイリークリーム。

1
2
Supmile
Natural 100%
3
SAICHA
4
Supmile
5
PLUMP ESSENCE
PHYTO COMPLEX
NowLd
6
veggy
7
Be
Lotion
8
Be
Foam Washing
9
10
HIGHLAND REMEDIES
11
GROWTH CREAM
PHYTO COMPLEX
12
INLIGHT
Face Cleanser
13
Moist Cream
14
15

Ethical – Organic – Beauty

Make-up

メイクアップ

1. ICOR

オイルインミスト／50mL

2層のミストでツヤ肌をキープ。化粧前や日中のメイク直しにも。

2. ルバンシュ

クリームファンデーション
[ライトオークル]／20g

乾燥小じわもケア*できる美容液感覚のリキッドファンデーション。

*効能評価試験済み

3. ルバンシュ

ルースパウダー（パフ付き）／8g

きれいな肌を演出するルースパウダーでブルーライトカット効果も。

4. CLARE BLANC

チーク／ブロンザーブラシ

骨格のくぼみにもしっかりフィットするチーク・ブロンザー用ブラシ。

5. HANA ORGANIC

塗香ルミナイザー／8g

聖なる香木「老山白檀」の香りとともに光を纏うマルチハイライター。

6. HANA ORGANIC

ウェアルーカラーヴェール／7g

内側からにじみ出るような生命感溢れるマルチカラーバーム。

7. AXIOLOGY

3-in-1 メイクアップバーム
by AXIOLOGY クレメンタイン：
クレメンタイン

1本で「アイシャドウ」「リップ」「チーク」として使うことができるオールマイティな一品。

8. IDUN

クリームリップスティック：
INGRID MARIE／3.6g

クリーミーなクリームタイプリップスティック。精製されたミネラルベースで透明感のあるシアーな仕上がりに。

9. IDUN

クリームリップスティック：
ALICE／3.6g

クリーミーなテクスチャーだから唇に溶け込み自然な煌めきでエレガントな仕上がりに。

10. CAMYU

CBDモイスチャーバーム
NATARAJA

ほのかにスパイシーでエキゾチックな香り。無色の万能バーム。

11. ルバンシュ

フルーツ＆ベジタブル ルージュ
ベリーピンク／3.4g

自然由来指数100%（水を含まない、ISO16128準拠）で華やかなピンク。

12. ルバンシュ

フルーツ＆ベジタブル ルージュ
ベリーレッド／3.4g

自然由来100%の口紅で落ち着きのあるエレガントローズ。

13. CLARE BLANC

コンシーラーブラシ

敏感肌の人も使用できるしっとりとした質感のブラシ。

14. luamo

ナチュラルマルチアイペンシル
ブロンド／1.1g

柔らかい描き心地で目元にフィット。肌になじむライトブラウン。

15. luamo

ナチュラルマルチアイペンシル
カフェ／1.1g

柔らかい描き心地。自然な立体感のナチュラルブラウン。

16. luamo

木製パレット（ケヤキ・ブナ）＋ナチュラルアイカラー（サテンベージュ・モーヴピンク・シャインオレンジ・コッパーオレンジ・キャラメルブラウン・ショコラブラウン）／各1.4g

天然木のメイクパレットに好きなカラーをセットして。石鹸オフ。

1
2
3
4
5
6
7
8
9
10
11
12
13
14
15
16
revanche
revanche
LIP-TO-LID
BALMIE
HANA
IDUN
REVANCHE
REVANCHE
mo

Ethical - Organic - Beauty

Inner care

—

インナーケア

1. Wakasapri For Pro.
ビタミンC＋ビタミンD／
30包（約1ヶ月分）
レモン約150個分のビタミンCとビタミンDを1包に配合した、顆粒タイプのサプリメント。

2. Be
Beグリーン／90g（3g×30袋）
乳酸菌3種×国産野菜15種。こだわりがつまった贅沢青汁。

3. ETHICAL-LIVING
［オランウータンを守る］
竹からできたコーヒーカップ／
400mlサイズ
週1回"リユース"を選ぶだけで、廃棄物を減らす手助けになるをテーマとしたカップ。

4. バイオ・ノーマライザー
青パパイヤ酵素入り梅醤野菜スープ／100g
体を温め、めぐらせる。トリプル発酵食品のお手軽ぽかぽかスープ。

5. KUSMI TEA
ルイボス バニラ／100g 缶
（約40杯分）
ルイボスティのまろやかさとバニラの甘い香りのカフェインフリーティー。

6. バイオ・ノーマライザー
上：青パパイヤ酵素 顆粒タイプ 90g（3g×30包） 下：青パパイヤ酵素 タブレットタイプ 90g（0.5g×6粒×30包）
有機青パパイヤを丸ごと発酵。自然な甘みで食べやすく続けやすい。

7. GRØN
プロテインブレンド（Red Heat）／
20g
ビーツなどのスーパーフレンドをブレンドした植物性プロテイン。

8. GRØN
ファンクショナルスープ
（パープルヤムドリーム）／16g
紅芋や和漢素材で作る、「眠り」がテーマのスープパウダー。

9. ニシジマ農園
NONケミカル™サプリメント
モリンガ × キクイモ／60g
（240粒入り：約1ヶ月分）
熊本県内で栽培されたスーパーフード「モリンガ」と「菊芋」のみを使用した、ナチュラル100%のオーガニックサプリメント。

1
HIGH QUALITY
ビタミンC+D
VITAMIN C+D
2
GREEN
Stay active. Eat healthy. Be happy.
Be
3
4
スープ
野菜
5
CAFFEINE FREE
KUSMI TEA
Vanilla Rooibos
6
青パパイヤ酵素
7
GRØN
PROTEIN BLEND
10.9g
8
GRØN
FUNCTIONAL SOUP
9
NON

Ethical – Organic – Beauty

In my bag

私のバッグの中身

1. ナトラケア
ナチュラル ウェットシート／30枚入り
ウォシュレット代わりやリフレッシュシートに。水に流せるタイプ。

2. だいじょうぶなもの
レザーウッドハニー+ハーブキャンディ／51g(個包装込)
大切な人に心から"だいじょうぶ"だと思える原料だけを使用した飴。

3. UPBEET! Tokyo
グラノーラ 白味噌・白ごま・米ぬか入り／180g
食物繊維たっぷりの米ぬかやオートミール、スーパーフードのチアシード入りの腸活グラノーラ。

4. CAMYU
CBD セントローラー PEARL
高濃度CBD配合。心を解きほぐす精油の優しい香り。

5. りんねしゃ
赤丸薄荷オイル／10cc
自社農場で栽培した和種薄荷を水蒸気蒸留したエッセンシャルオイル。

6. ナトラケア
ウルトラパッド スーパー／10個入り
オーガニックコットンと自然素材で作られたスリムタイプナプキン。

7. Moi Forest
フォレストダスト　ベビークリーム／50mL
フィンランドの森の微生物配合したクリーム。肌からの森林浴を。

8. luamo
オールデイプロテクト　UVアクアヴェールSPF28　PA+++／50g
水のように軽いつけ心地のUVミルク。紫外線吸収剤不使用。

9. Be
Beオーガニックバーム／27.0g
天然成分100%のバーム。爽やかなハーブの香り。乾燥が気になるところへ。

10. ICOR
オイルインミスト／50mL
乾燥やゆらぎに2層ミストをシュッとひとふき、一瞬でツヤ肌に。

11. subi
マルラオイル／21mL
アフリカ産オーガニックのマルラをコールドプレスした無添加ピュアオイル。ビタミンEやフェノール 類が含まれ、エイジングケアに最適です。

12. stojo
stojo BIGGIE (ビギー)／容量 470mL
環境に優しく、邪魔にならず、気軽に持ち運べるマイカップ。

13. GRØN
プロテインブレンド(Red Heat)／20g
ビーツなどのスーパーフレンドをブレンドした植物性プロテイン。

14. MANARI
EVクリーム ウォーム／30mL
エイジングによいとされる植物を結集させた100%植物原料のクリーム。

15. stasher
上:EZサンドイッチ 450mL／**下**:スナック(Sサイズ) 293.5mL
何回でもリユースできる100%プラスチックフリーのシリコーン製保存容器スタッシャー。

16. made of Organics
マヌカハニー+カモミールスプレー〈オレンジ味〉／25mL
厳選された植物成分をブレンドしたこだわりのスプレー。

17. バイオ・ノーマライザー
上:青パパイヤ酵素入り抹茶CBDバー **下**:青パパイヤ酵素入りカカオバー／各40g(1本)
美味しく食べて美容成分チャージできるギルトフリーおやつ。

18. magica

マヒカハニー＋生ローヤルゼリー／1包(5g)×30包

至高のローヤルゼリーを100%生で、しかも常温で摂取できる。

19. バイオ・ノーマライザー

左：青パパイヤ酵素 タブレットタイプ 90g(0.5g×6粒×30包)

右：青パパイヤ酵素 顆粒タイプ 90g(3g×30包)

青パパイヤを丸ごと発酵した酵素。外出先でも気軽に酵素チャージ。

20. neo & blanco

7DATES セブンデーツ／7個入り

ダイエットや美容にもいいスーパーフードです。

1. ナトラケア
マキシパッド スーパー／12個入り
オーガニックコットンと自然素材の快適なつけ心地のナプキン。

2. LIP INTIMATE CARE
クレンジングモイスチャライジングオイル（シーバクソン＆フラゴニア）／75mL
洗浄と保湿を1本で兼ね備えたオイル。ローズマリーの香り。

3. LIP INTIMATE CARE
クレンジングモイスチャライジングオイル プレ＆ポストバイオティック／75mL
洗浄と保湿を1本で兼ね備えたオイル。妊娠中も使える無香料タイプ。

4. LIP INTIMATE CARE
Vラインココナッツスクラブ／50mL
天然スクラブが古い角質を穏やかに取り、肌を柔らげキメを整えます。

5. Pubicare organic
フェミニンメディソープ／220mL
ココナッツ由来の洗浄成分。「ホロトキシン」配合の泡ソープ。

6. ナトラケア
ウルトラパッド スーパー／10個入り
オーガニックコットンと自然素材で作られたスリムタイプナプキン。

1. FUMIKODA

GINA II：ボックストート（M） アプリコット、ホワイトレース／本体：22cm（高さ）×28cm（幅）×15cm（マチ）

エレガントで収納力抜群。B5書類やタブレットPCが入ります。

2. FUMIKODA

GINA II：ボックストート（M） ブラックファー／本体：22cm（高さ）×28cm（幅）×15cm（マチ）

バッグ素材にエコファー、アクセサリーパーツには日本の工芸品が使用されています。

3. LOVST TOKYO

Grape Vine Tote Bag／本体：40cm（高さ）× 33cm（横）×12cm（マチ）

ワインの搾りかす由来の「グレープレザー」を採用。グレープの「蔓」をイメージした、中央の網目がポイント。

4. LOVST TOKYO

Apple 4Way Gather Bag／本体：19cm（高さ）×18cm（幅）×12cm（マチ） ※上記はハンドルを含めない場合

国産アップルレザーからうまれた、4通りの使い方が叶うバッグ。着脱可能な2種類のハンドルと、ショルダーストラップが付属。

11. HANA ORGANIC
カラーコンディショナー／180g
天然植物エキスに癒されながらダマスクばらの香りに包まれる白髪染め。

12. HANA ORGANIC
リセットシャンプー／280mL
日々のダメージをリセットし、健やかな髪と頭皮環境を整える美容液シャンプー。

13. Pubicare organic
フェミニンメディソープ／220mL
ココナッツ由来の洗浄成分。「ホロトキシン」配合の泡ソープ。

14. CLAYD
WEEKBOOK／クレイ30g×7袋　入浴7回分
高品質な天然クレイ100%の入浴料。水と混ぜるとパックにも。

15. CAMYU
CBD バスソーク UTOPIA／60g
精油とCBDで全身美容液に浸かっているようなバスタイムに。

16. Ethique（エティーク）
シャンプー バー
ピンカリシャス／110g
弱酸性・アミノ酸系洗浄成分で優しく洗える固形シャンプーバー。

17. Ethique（エティーク）
コンディショナー バー
ザ ガーディアン／60g
水を使わず美容液成分を濃縮した固形コンディショナーバー。

18. ナチュラルコスモ
トリートメント
バームワックス／19g
梅雨にふくらませない、でも何も塗っていない感じの、超サラサラ&ストレートになる魔法のバーム。

Ethical - Organic - Beauty

Bath time

バスタイム

1. INLIGHT beauty
Hair Elixir（ヘアオイル）／100mL
髪と頭皮に栄養と潤いを与える、100%オーガニックヘアオイル。

2. ハイランドレメディーズ
アルニカスカルプローション／120mL
コメ発酵液で浸出のアルニカエキスと、爽やかなティーツリーで毎日の頭皮ケアを。

3. ORIENS'TELLA
スカルプクリーンブラシ
ドライの状態でもシャンプー時の頭皮マッサージにも使えるブラシ。

4.LIP INTIMATE CARE
クレンジングモイスチャライジングオイル（シーバクソン＆フラゴニア）／75mL
洗浄と保湿を1本で兼ね備えたオイル。ローズマリーの香り。

5. FRUITS ROOTS
ロマンティックボディスクラブ／180mL
古い角質を取り除き、明るく輝く肌のためのシュガースクラブ。

6. INLIGHT beauty
スーパーフード マスク／25mL
艶やかな肌へ導くスピルリナをお使ったスクラブ配合のマスクです。

7. C/O GERD
（ケアオブヤード）
R-Aボディーシャンプー／500mL
アボカドオイル配合で肌の乾燥を防ぎます。ローズマリーの香り。

8. C/O GERD
（ケアオブヤード）
ブルーベリーシャンプー／200mL
ブルーベリー種子油とキヌア配合で、髪を補修しながら整えます。

9. C/O GERD
（ケアオブヤード）
コンディショナーディープ【ドライダメージ&太毛】／200mL
ブルーベリー種子油とキヌア配合で、傷んだ髪を補修し潤いとツヤを与えます。

10. HANA ORGANIC
3WAYトリートメントパック／180mL
インバス＆アウトバス＆頭皮パックで今も未来も美しく艶やかな髪へ。

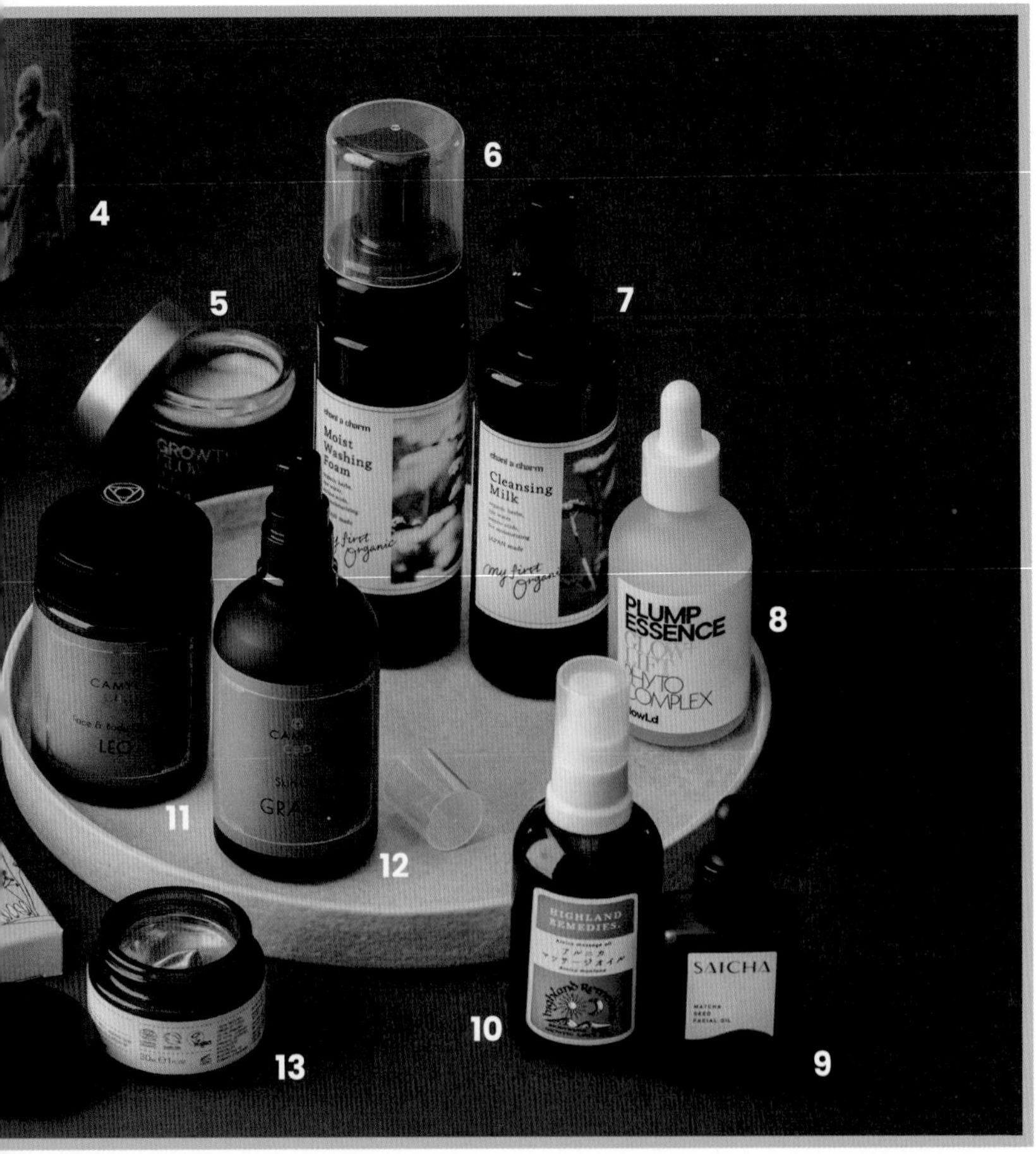

9. 采茶～SAICHA
采茶～SAICHA MATCHA Seed Facial Oil／20mL
耕作放棄地に実る「茶の実」をアップサイクルした美容オイル。

10.ハイランドレメディーズ
アルニカマッサージオイル／60mL
長野産バイオダイナミック栽培アルニカのオイルで全身をケア。

11. CAMYU
CBD フェイス&ボディクリーム LEO／90g
深呼吸したくなる絶妙な香りとCBDで潤いをキープ。

12. CAMYU
CBD スキンオイル GRACE／105g
大人肌が喜ぶ美容オイル。精油とCBDで贅沢ケア。

13. EVOLVE
バイオレチノールゴールドマスク／30mL
いきいきとした肌へ。潤いを与える豪華なゴールデンフェイスマスク。

14. ORGAID
エッセンスクリアマスク／24mL×4枚BOX
紫外線による乾燥が気になる季節に。透明感のあるツヤ肌へ。

15. ICOR
Sakeフェイシャルマスク／20ml(各1枚入)×5枚セット
アミノ酸豊富な純米酒のコメ発酵液で保湿する、夜の特別ケア。

16. HUKKA DESIGN
カッサストーン&アイケアストーン オービット
フィンランド28億年前に誕生した天然石セルフケア。温冷両用。

Ethical – Organic – Beauty

Night routine

—

ナイトルーティン

1. CBDTokyo

CBDナイトグミ50粒入り［CBD26.1mg／1粒］（クワンソウ、ガバ、ビタミンD配合、ブルーベリー キューブ）

4種類の人気のリラックス成分を配合した夜用として特別に開発された機能性グミ。

2. fuacha

果茶（デイリー）／15袋セット

中国で女の3つの宝と呼ばれる、めぐりをサポートするお茶。

3. ゾネントア

ママのためのお茶／18袋入り

授乳期のママのサポートティー。女性に嬉しいハーブをブレンド。

4. ゾネントア

ビューティフルマジックムーンティー／28袋入り

月の周期に合わせてブレンドされた4種類のお茶28日分のアソート。

5. NowLd

グロースクリーム（機能性クリーム）／35g

理想のハリとフェイスライン。美しく引き締まった肌に導くクリーム。

6. チャントアチャーム

モイスト ウォッシング フォーム／150mL

うるおいを残して、汚れやくすみ*をやさしく落とす泡洗顔。 ＊古い角質による

7. チャントアチャーム

クレンジングミルク／170mL

毛穴の黒ずみ*1まで落とし、セラミド*2補給でうるおう高機能クレンジング。 ＊1 黒角栓 ＊2 植物性セラミド【コメヌカスフィンゴ糖脂質】（保湿／肌荒れ防止）

8. NowLd

プランプエッセンス／60mL

みずみずしいツヤと弾むようなハリを実感できる美容化粧液。

nailmatic ネイルマティック

フランス発のネイルブランド「nailmatic ネイルマティック」。植物由来成分を最大84%まで配合。石油系溶剤の代わりに綿、トウモロコシ、ジャガイモ、小麦、キャッサバからできた植物性の溶剤を使用した、環境によりやさしい処方でありながらも従来のネイルの品質特性を備えたネイルカラーのシリーズ。

NM pure color Series

1. BILLIE (Soft Pink) ／**2.GALA** (GOLD) ／**3.FARAH** (Light Beige) ／**4.CELESTE** (Rosewood Pearly) ／ **5.ANOUK** (Brick Brown) ／**6. ANGELA** (Taupe Beige) ／**7.EVA** (Coral Pink) ／**8.TAYLOR** (Metallic Gold Pink)

Chapter 5

Ethical Organic Beauty

+ My Favorite

“私のお気に入り”

ここからは私のフェイバリットなものをご紹介します。通い続けているSPAやヘアサロン、ネイルサロン、そして心身をととえるために欠かせない漢方サロン、お気に入りのヴィーガンレストランといったスポットから愛車まで。ぜひ足を運んでみてください。

Spa & Beauty salon
スパ&ビューティサロン

“クレイを贅沢に使用し、こころと身体を呼び起こす“リトリート・スパ”です。”

——— Ayumi

CLAYD SPA in THE HIRAMATSU HOTELS & RESORTS 賢島

*タラソプール併設

住所：三重県志摩市阿児町鵜方3618-52

THE HIRAMATSU HOTELS & RESORTS 賢島 内

定休日：無休（不定期休館日あり）

※ホテル宿泊者のみ予約可能

URL：www.hiramatsuhotels.com/kashikojima/#relax

clayd.japan

CLAYD SPA

アメリカ西海岸の砂漠地帯から採掘される、ミネラル豊富な「CLAYD」のクレイ。本国アメリカでは5つ星ホテルやスパ、自然療養施設でも愛用されています。それを用いてカリフォルニア発祥の、寄せては返す波のリズムが特徴のEsalen® Massage（エサレン® マッサージ）をベースとしたオリジナルトリートメントを提供。

CLAYD SPA in MALIBU HOTEL

住所：神奈川県逗子市小坪5丁目23-16
リビエラ逗子マリーナ内

定休日：無休（ホテル宿泊者のみ予約可能）

URL：www.riviera.co.jp/malibuhotel/spa/

clayd.japan

CLAYD SPA AOYAMA

住所：東京都港区南青山2-4-8

営業時間：12:00〜20:00　定休日：水曜日

URL：www.clayd.jp/spas/3

claydspa_aoyama

水月スパ&フィットネス

ラグジュアリーホテル「コンラッド東京」の29階に位置する「水月スパ&フィットネス」では、英国発100%オーガニック化粧品「Inlight Beauty(インライトビューティ)」を使用。写真[上]は、ひのき風呂に浸かりながら汐留のシティビューを眺めることができるスパスイート「水月ルーム」。

住所:東京都港区東新橋1-9-1
コンラッド東京29階
(28階より客室専用のエレベーターをご利用ください)
TEL:03-6388-8620(スパ直通)
営業時間:9:00〜22:00
定休日:無休
URL:conradtokyo.jp
conrad_tokyo

“コンラッド東京のホテル内にある1,400㎡もの広さを誇る空間には
日常の疲れを癒すのにふさわしい静寂の時が流れます。”

——— *Ayumi*

FRUITS ROOTS

大手百貨店をはじめ、全国約350店舗のショップやサロンに商品を卸す、国産フルーツやハーブを原料とするコスメブランド「FRUITS ROOTS」のエステサロン。ジューシーなフルーツの香りを楽しみながら、エステティックグランプリ優勝の技術を持つオールハンドのトリートメントが堪能できます。

住所:東京都目黒区五本木3-7-8
TEL:03-6452-4580
営業時間:月〜土 12:30〜20:30(最終受付 19:00)
日・祝 / 11:00〜19:00(最終受付 17:30)
定休日:木曜日
URL:www.fruitsroots.com/esthetic/salon
fruitsroots_gakudai

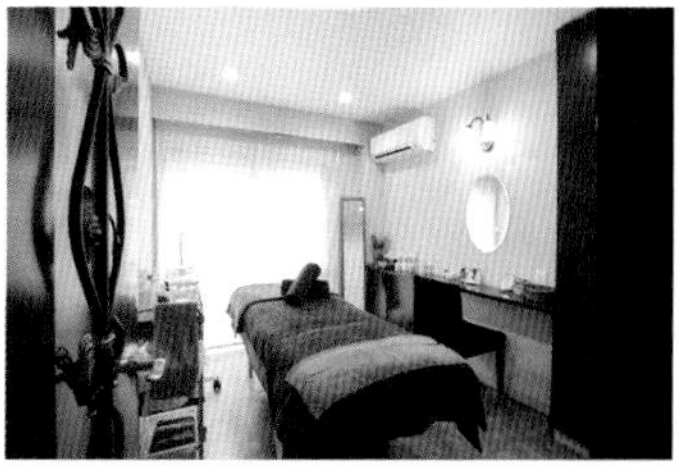

“「FRUITS ROOTS」のコスメを使った
オールハンド、完全個室サロン。
「フルーツスパ」や
「フルーツハーブボール」が人気。”

——— *Ayumi*

Hair salon
ヘアサロン

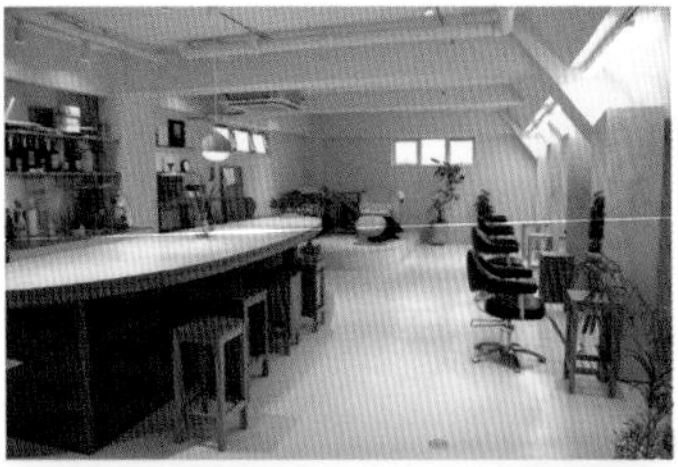

enn to yuu

ナチュラル感のある美髪を手に入れたい方におすすめなマンツーマンサロン。"頭皮のための温泉"とも呼ばれている「頭浸浴」も取り入れており、髪の毛だけではなくその土台となる頭皮のケアも行っています。クリームバスを使ったヘッドスパも大人気！ 紹介制のプライベートサロンです。

住所：東京都渋谷区神宮前2-3-30
神宮前ベーシックビル3F
営業時間：10:00〜20:00
定休日：火曜日
enn_to_yuu_yuki

"enn to yuuは、「ennご縁×yuu結う」でご縁を大事にしたこだわりのあるキッチンを併設した完全紹介制のヘアサロンです。「炭酸ヘッドスパ」はまさに癒しそのものです。" —— *Ayumi*

Nail salon
ネイルサロン

RING 恵比寿

"いつでも、指輪のような輝きのある指先へ"という思いを込めて名付けられた「RING」は、新宿や有楽町のネイルサロンでの店長を経て独立した、経験豊富なネイリスト島田亜季子さんと林真未さんの二人が営む、完全予約制のプライベートネイルサロンです。

住所：非公開（ネット予約後に確認）
営業時間：10:00〜21:00（完全予約制）
定休日：月曜日
URL：nailbook.jp/nail-salon/11022/
AKIKO ring_akiko
MAMI ring__mami

"丁寧なカウンセリングとケアで、似合わせカラー、おまかせアートが得意です。ヴィーガンネイルブランドの取り扱いもあり、斬新なデザインをいつもご提案頂けます。" —— *Ayumi*

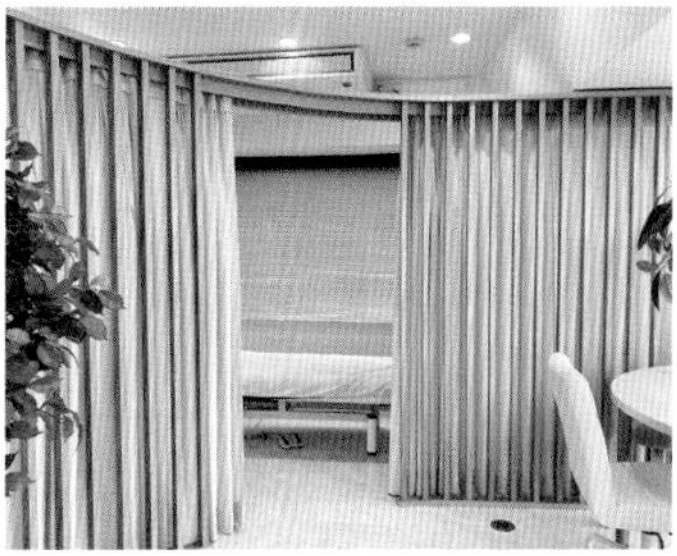

Kampo salon
漢方サロン

漢方コミュニケーションズ

35年間臨床漢方薬剤師として実績を重ねてきた結城奈美枝代表。その経験に、国際中医師、鍼灸師、心理カウンセラーの免許で得た知識を加え、内科医の娘であり、弟が皮膚科医、妹が婦人科医の関係で、連携する西洋の医師も多く、統合医療的知識で患者さまにカウンセリングと自然漢方を処方しています。

“しっかり時間をかけてカウンセリングしていただいた上で、自分に合ったベストな自然漢方を処方してくださいます。西洋医療だけではわからないような原因不明の女性特有の体調不良も、漢方や骨盤整体といった東洋医療で体の内側と外側からととのえることができます。”

——— *Ayumi*

住所：新宿区西新宿
7-7-23
トミービル1階
TEL：03-5389-3201
営業時間：10:00～16:00
定休日：木・日・祝日
URL：kampou.jp
namieyuuki

Vegan & Vegetarian shop
ヴィーガン・ベジタリアンフード専門ショップ

かるなぁSHOP本店

ヴィーガンやベジタリアンの方にとってはお馴染み、菜食食材を専門に扱う「かるなぁ」の名古屋ショップ本店。大豆ミートなどの惣菜から調味料、スイーツ、サプリメントにいたるまで「心と体にやさしく、おいしい菜食食材」を提供しています。

住所：愛知県名古屋市天白区野並
4丁目96
TEL：052-899-3337
営業時間：10:00～18:00
定休日：火曜日
URL：www.karuna.co.jp
karuna_vegefoods

“ヴィーガン・ベジタリアンフード専門ショップです。1000種以上の様々なプラントベース商品を販売してます。”

——— *Ayumi*

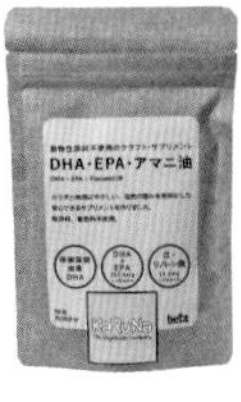

Restaurant
レストラン

“「本当に全部ヴィーガンなんですか?」って思わず
聞きたくなるくらい満足感のあるお料理の数々。
ハンバーグ、餃子、ラーメン、スイーツなど
オールヴィーガンをみんなでおいしく楽しめるレストランです。”

—— *Ayumi*

T's レストラン

お肉や魚介類、卵・乳製品をいっさい使用せずに、新鮮な野菜と大豆ミートや豆乳など植物性の食材だけで美味しさにこだわった料理を提供。食の嗜好や制限に関係なく皆が同じテーブルを囲んで「美味しいね」と笑い合える“スマイルベジ”を世界に伝えていきます。

住所：東京都目黒区自由が丘2丁目9-6
Luz自由が丘 B1F　TEL：03-3717-0831
営業時間：11:30〜21:00(L.O. 20:30)
定休日：年末年始
URL：ts-restaurant.jp　tsrestaurant_jp

hal okada vegan sweets lab

「ひと口食べれば誰もが笑顔になれる」。そんなおいしさを追求するヴィーガン・パティシエ岡田春生氏による、お子様はもちろん、卵や牛乳などの食物アレルギーの方やヘルシーなライフスタイルを送りたい方など、どんな方でも安心してお楽しみいただけるヴィーガンスイーツをご用意いたします。

住所：東京都渋谷区広尾5-4-18 1F
営業時間：11:00〜19:00　定休日：水曜日
URL：www.halokada.com
halokada_vegansweets

“hal さんのつくるヴィーガンケーキは、日々の喜びとしてはもちろん、家族のアニバーサリーなど、節目でもお世話になっています。”

—— *Ayumi*

maisonkina

「食べて美しく健やかに」をコンセプトに、ウェルネスビューティーフードスペシャリストとしても活躍するメイクアップアーティスト監修。元モデルの料理人が、自然栽培野菜たっぷりのデトックスビューティーミールとギルトフリーのヴィーガンスイーツなど“Gut(腸)が整う食”を提供しています。

住所:東京都世田谷区成城9-26-6
営業時間:日～火 11:30～15:00
水曜日12:00～15:00
定休日:木～土曜日
maisonkina_vegan.organic

“オーガニックかつヴィーガン料理を
メイクアップアーティスト監修の
唯一無二の“食べる美容サロン”
として通ってます。”
——— Ayumi

クレヨンハウス オーガニックレストラン「広場」

東京(吉祥寺)、大阪(江坂)にお店を構える「クレヨンハウス」。東京店1Fにあるオーガニックレストラン「広場」では、ランチ・ディナータイムはヴィーカンの方も召し上がれるベジタリアンメニューに、1品のみ動物系メニューのビュッフェスタイル。日替わりメニューで旬の有機野菜をたっぷり美味しく。

住所:東京都武蔵野市吉祥寺本町2-15-6
TEL:0422-27-1377
営業時間:ランチ 11:00～14:00 ティータイム 14:40～16:45
ディナー 17:30～21:00 (L.O 20:30)
定休日:年中無休(1月1日、2日休み)
URL:www.crayonhouse.co.jp crayonhouse_photos

“老舗のオーガニックレストラン&デリカ、コスメ雑貨、
絵本・子どもの本、木のおもちゃのセレクトショップとして、
子どもも大人も、皆が楽しめるお店です。”
——— Ayumi

アンチエイジング・ベジ キュイジーヌ ハレノヒ食堂

“あなたのきれいと健康を叶える”1日1組限定のオーガニックヴィーガンレストラン＆料理教室の「ハレノヒ食堂」。こだわりの自然栽培・無農薬・有機の新鮮な野菜たちと、スーパーフードの数々を使ったコース料理で、身体の中からデトックスし、健康と美に導きます。週末はオーガニックカフェ「tetoteto」としてカフェ営業を行います。さらに、結婚相談所としてマリッジサロン「vita lucet」も運営。

住所：東京都あきる野市五日市1207-2
営業時間：レストラン営業（月〜水） 12:00〜15:00
カフェ営業（金・土） 11:00〜16:00
定休日：木・日曜日
URL：hare-nohi.com
yoshieomata_

“オーガニックの野菜にこだわり、心もカラダも美しくなれる
エイジングケアができるヴィーガン料理をいただけます。
オーナーシェフの笠原ひなたさんの作るお料理全てがアート作品です。”

―― *Ayumi*

大泉工場NISHIAZABU

「大泉工場NISHIAZABU」は、西麻布に新しく「食」「健康」「文化」のムーブメントを創り出します。緑茶と紅茶を発酵させた新しいドリンク「KOMBUCHA」をメインメニューとして、自然の恵みや発酵製品を楽しんで取り入れるライフスタイルを提案していきます。

住所：東京都港区西麻布2-13-13 齋藤ビル1階
TEL：03-6427-4749
営業時間：月〜土 8:00〜20:00
日・祝 8:00〜18:00
定休日：なし
URL：oks-nishiazabu.com
oizumi_kojo_nishiazabu

“コンブチャやコールドプレスジュースの販売、
プラントベースの食料品を中心に
有機野菜も扱うグローサリーショップ。”

―― *Ayumi*

My Favorite

Car
私の愛車

“外出先での充電は各地の主要ルート沿いにあるスーパーチャージャーのステーションで行います。充電はプラグを差し込むだけでOKで、15分間で最大275km相当分を充電可能。” ―― *Ayumi*

Tesla テスラ Model Y

私は以前から車生活をおくっているのですが、どうしても排気ガスが気候変動に及ぼす影響が気になっていました。そこで、できる限り環境に配慮して、2023年末に車を「Tesla テスラ」に乗り換えました。電気自動車がエコであるかどうかは賛否両論ありますが、ガソリン車が環境へ負荷をかけるのは明確でもあるので、もやもやしていたものが解消されました。ガソリン車の頃は満タンで1万円くらいかかっていたものが、テスラだと3000円くらいの電気代で済みます。コストが1/3になり、環境負荷も減少。しかも走行距離は変わりませんでした。

スマホの「Tesla モバイル アプリ」で離れた場所からエアコンのスイッチを入れることができます。私が購入した「モデルY」は、ハンドルからシートまで車内で使用されている全ての革がヴィーガンレザーであることも大きな特長です。

style table
吉祥寺パルコ店

"スキンケアからヘアケア、ボディケア、インナーケア、コスメ、
雑貨、食品まで、日常で伝えるアイテムを
「7つのエシカルテーマ」に沿ってセレクト。
大切な方へのギフトや、ご自身のエシカルオーガニックな暮らしに
ぜひ活用してみてください。"

——— *Ayumi*

style table 吉祥寺パルコ店

「住みたい街ランキング」でも上位にランクインし続けている吉祥寺エリアに、style table 吉祥寺パルコ店がオープンしたのは2023年4月21日のこと。ライフスタイル全般にまつわるエシカル&オーガニックなアイテムを取り揃え、皆さんのご来店をお待ちしております。

運営:株式会社Peace
住所:東京都武蔵野市吉祥寺本町1-5-1
吉祥寺パルコ1階
TEL:0422-27-1133
営業時間:10:00〜20:00
定休日:1/1を除き年中無休
(吉祥寺パルコに準ずる)
styletable_kichijoji

Shop tour 1

お店の中央にある特集テーブル

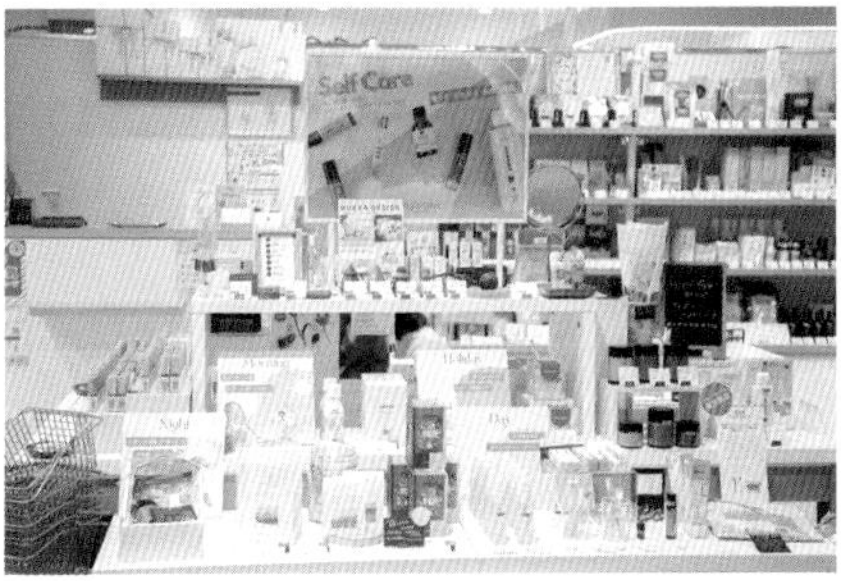

● Self care item

このコーナーでは「セルフケア」をテーマに、朝・昼・夜・休日に取り入れてほしいアイテムをラインナップ。朝からスイッチをオンにするためのドリンク、1日を乗り切るためのCBDや香りのアイテム、1日をいたわるミネラルたっぷりの入浴剤など。

“季節に応じたおすすめアイテムやお子様やご友人とも楽しめるワークショップなどのエシカルイベントを開催しています。”

——— *Ayumi*

● Dental care item

もう一つの特集コーナーでは、デンタルケアアイテムや日中の紫外線対策としてのUVケアアイテムを取り揃えています。夏場は1日のうち何度も塗り直すものだからこそ、日焼け止めは身体によいものを選びたい。

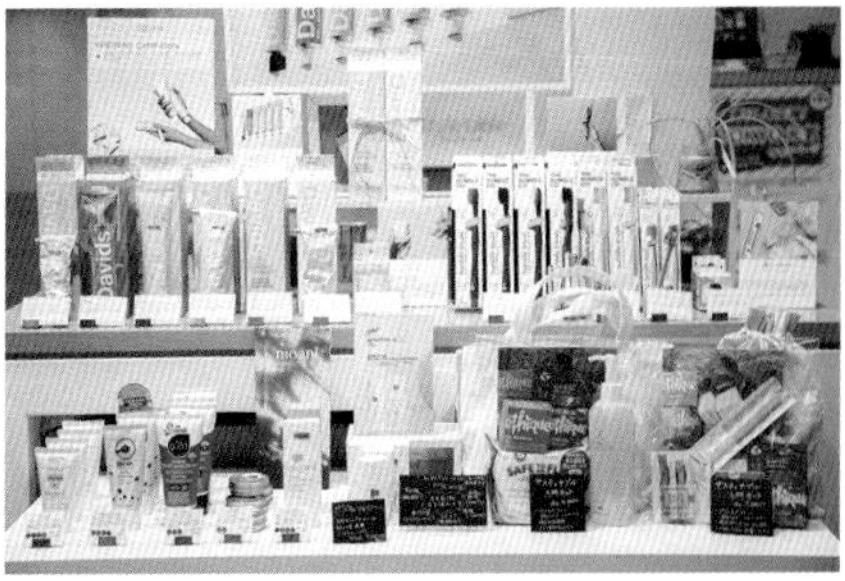

Message from Ayumi

style tableは、「エシカル×サスティナブル×ヴィーガン」をテーマに、“身体にいいものを使いたい。環境に配慮したものを使いたい。自分たちの次の世代、さらにその次の世代へきれいな地球を残していきたい”、そんな20代30代の働く女性・ママたち100人以上の小さな声を集めたお店として誕生しました。style tableでは、ブランドテーマをもとに、オーガニックコスメやインナーケア・フード・雑貨など約300種類以上のラインナップを取り揃えています。

「どんな商品があるんだろう」「エシカルという言葉は聞くけどなにから始めたらいいんだろう」「ヴィーガンについて知りたい」など、気になる方はぜひお店にお越しください。日々の暮らしを通して、地球にも自分やまわりにもやさしい選択をご提案させていただきます。style tableを通じて、エシカルな暮らしをより身近に感じてもらえますように。

Shop tour 2

インナーケアやフードアイテムも充実

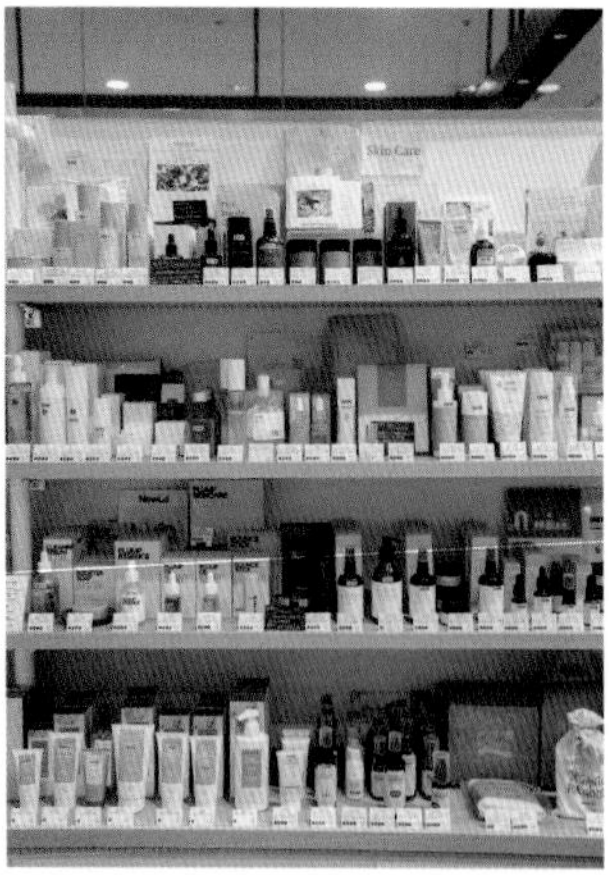

[**写真上**]エシカル＆オーガニックなスキンケアアイテムの充実は特筆すべき点。アイテム数が多すぎて選びきれないという方は、すべてを熟知したスタッフの方に相談してみてください。きっと今のあなたにあったアイテムと出会えるはず。[**写真右上**]インナーケアやサプリメント、水筒などの雑貨も揃います。[**写真右下**]こちらはヴィーガンフードコーナー。チョコレートやドライフルーツ、ハーブティーをラインナップ。

店内にはstyle table「7つのエシカルテーマ」を掲示。店内にある商品は、すべてこの基準のいずれかを満たしたものになります。

国内最大のヴィーガン・プラントベース業界の団体である「日本ヴィーガン協会」によるヴィーガン認証マークを取得しています。

Informaiton

style table
全店舗ガイド

style table 代官山 本店
住所:東京都渋谷区代官山町14-11
ホリイビルNo.5 201号
営業時間:(平日)12:00〜18:00
(土日祝)12:00〜19:00
定休日:不定休
styletable_daikanyama

style table　ルミネ有楽町店
住所:東京都千代田区有楽町2-5-1
ルミネ有楽町 ルミネ2/B1
営業時間:11:00〜21:00
定休日:ルミネ有楽町 ルミネ2に準じる
styletable_official

style table　東武池袋店
住所:東京都豊島区西池袋1-1-25
東武百貨店池袋店2F　2番地
営業時間:10:00〜20:00
定休日:東武百貨店池袋に準じる
styletable_ikebukuro

style table　コレド日本橋店
住所:東京都中央区日本橋1丁目4-1
コレド日本橋3階
営業時間:(平日)11:00〜21:00
(土日祝)11:00〜20:00
定休日:コレド日本橋に準じる
styletable_nihonbashi

style table 山陽百貨店
住所:兵庫県姫路市南町1番地
営業時間:10:00〜19:30
定休日:山陽百貨店に準じる

style table for ethical gifts 渋谷ヒカリエ ShinQs店
住所:東京都渋谷区渋谷2丁目21−1
渋谷ヒカリエ ShinQs 2F
営業時間:11:00〜21:00
定休日:渋谷ヒカリエ ShinQsに準じる
styletable_shibuya

style table　ららテラス 武蔵小杉店
住所:神奈川県川崎市中原区新丸子東
3-1302　2F
営業時間:10:00〜21:00
定休日:ららテラス 武蔵小杉に準じる
styletable_musashikosugi

style table　ルクア イーレ店
住所:大阪府大阪市北区梅田3丁目
1番地3号4F
営業時間:10:30〜20:30
定休日:ルクアに準じる
styletable_ikebukuro

style table living 阪神梅田本店
住所:大阪市北区梅田一丁目13番13号
阪神百貨店　梅田本店7F
営業時間:10:00〜20:00
定休日:阪神百貨店梅田本店に準じる
styletable_hanshin

style table selection ~KURAWANKA~
住所:大阪府枚方市岡本町7番1号
営業時間:10:00〜18:00
定休日:KURAWANKAに準じる

Information

仕事や暮らしに使えるヴィーガンの知恵が満載
Vegan検定を学び、取得しよう

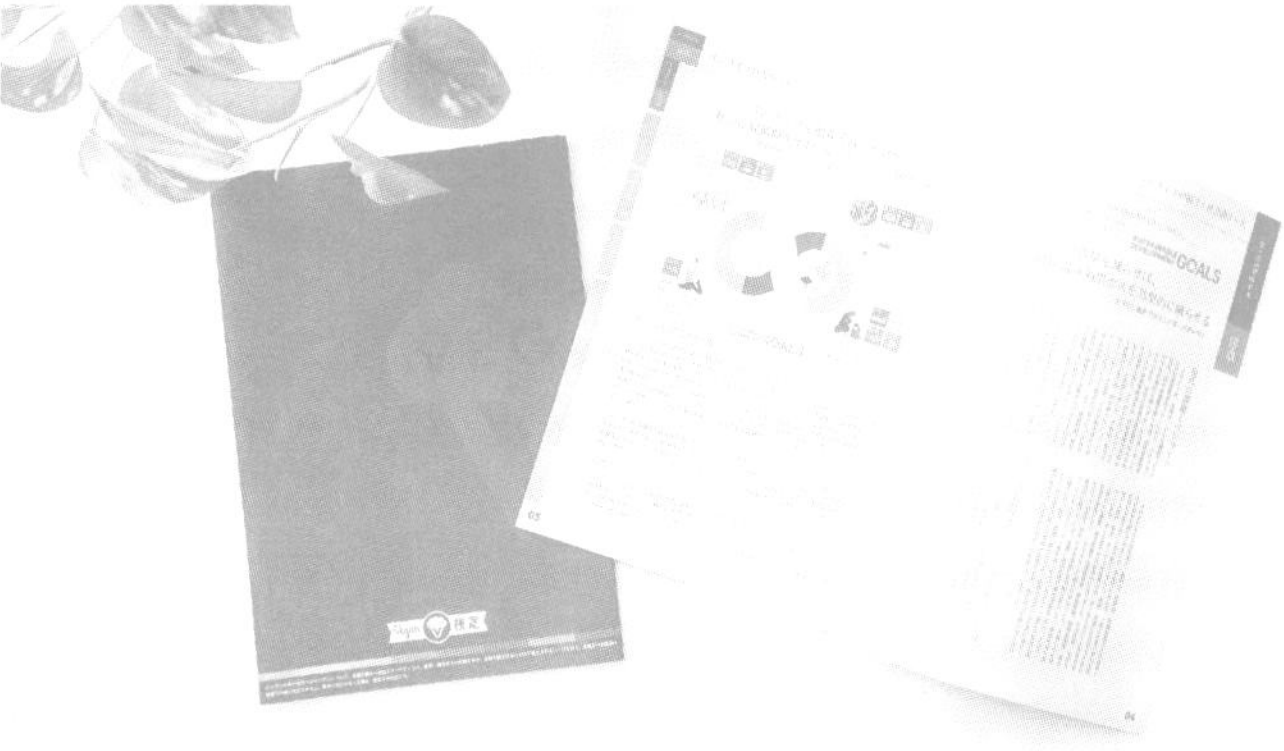

食だけでなくライフスタイルのすべてを網羅した「Vegan検定」は、地球環境、健康、飢餓、食糧問題、動物福祉（アニマル・ウェルフェア）などの観点から、プラントベース、ヴィーガン、ベジタリアンのライフスタイルを学び、ビジネスに活かせるようにする「ヴィーガンスペシャルアドバイザー」を養成する検定取得講座です。誰もがヴィーガンのチョイスを出来る社会の実現を目指し、ヴィーガンライフにまつわる専門知識を有した人材を養成しています。

ヴィーガンスペシャルアドバイザー

YouTube講座＋ZOOM講座＋検定付
85,800円（税込）

しっかり学んでヴィーガンの資格を仕事に活かしたい方にオススメです！ 基礎知識から更にビジネスの現場で役立つ知識を身につけることができます。YouTube講座で学んだ後は、動物性食材からの代替方法やヴィーガンメニューのレシピ立案、ヴィーガンマーケティング理論まで学ぶことができるZOOM講座を受講。あなたをヴィーガンのプロへと導きます。

ヴィーガンスペシャルアドバイザー認定インストラクター

ZOOM講座＋検定費用　220,000円（税込）

講師になってヴィーガンやプラントベース、ベジタリアンの知識を伝えたい方にオススメ。健康的で快適なベジライフを実践するための知識・料理の提案やアドバイスができる、Vegan検定認定インストラクターを認定します。合格後は、Vegan検定認定インストラクターとなり、「ヴィーガンスペシャルアドバイザー検定講座」の主催、講師を務めることが可能になります。

◀Vegan検定
公式サイトへは
こちらから

本書の読者限定で、受講料が「10%オフ」となる
特別割引クーポンをご用意しました

検定お申し込み画面で以下のクーポンコードを入力することでご利用いただけます。

クーポンコード：DOI10OFF（ディーオーアイイチゼロオーエフエフ）

一冊に渡って「エシカル オーガニック ビューティ」についてご紹介してきました。ここまで読んでいただいた皆さんの心のなかに、「エシカル オーガニック ビューティ」という言葉が根を張り、定着し、何か一つでいいので日常の行動が変わっていくことを祈りながら、この「あとがき」を書いています。

本作は、男女問わず現代を生きる人たちが直面する悩みを中心に、若い人たちが早い段階から「健康投資」に目覚めてくれることを願った内容です。

それと同時に、母である私が子供たちの未来のことを想いながら書き進めた本でもあります。本作のタイトルに「エシカル」が入っているのも、近年はその目線が私のなかにずっとあったからに他なりません。

グローバルな基準ではすっかり当たり前となった、環境に配慮した〝エシカルな暮らし〟。まだまだ日本では浸透しているとは言いがたい状況にありますが、それをなんとか良い状況にもっていきたい。この本は、そのためのきっかけ作りになってくれると思っています。

一人、また一人と変わっていき、その力が合わさっていけば、転換の兆しになっていくはずです。私たち大人の世代のなかで「エシカル オーガニック ビューティ」の考えが当たり前になれば、それは子供たちの世代でも当たり前になっていきます。そして、親から子供への好影響だけでなく、今はその逆もまた起こる時代です。

子供たちが学校の授業で、環境問題のことやエシカルについて学ぶ機会が増えており、むしろ子供たちのほうが環境問題に対して行動を起こそうとしている場合もあります。私たちも見習わなければいけませんね。まずは自分ごととしてできることから一歩踏み出すことが大切だと思っています。

すぐにできることの筆頭が、自分自身への「健康投資」です。それは早ければ早いほど効果があるということは、本書のなかでお伝えしたとおりです。

金融投資とは異なり、「健康投資」は食事・運動・睡眠などを意識するだけで、思い立った日からすぐにでも手軽にはじめられる点がメリットであり、結果的に「健康投資」をやったぶんだけ、重い病気を予防するだけでなく、健康寿命を延ばして生涯医療費の抑制にもつながります。

そのためにも、「知る」ということは大事なファーストステップです。健康投資を行う過程で、様々なことを知る経験を積み重ねていけば、やがては「自分の軸」ができあがっていきます。そして、自分の軸をもてば、自分をいたわることが自然とできるようになっていきます。

その上で、次は地球のことも考えてみましょう。地球を大事にすることは、おのずと自分の子供たちの未来、あるいはさらにその次の世代に良い影響をおよぼしてくれることを意味しています。

自分の軸をもつこと、地球のことも考えること。

これからの時代は、そのどちらが欠けてもいけないと私は考えています。そして、その二つの軸がブレない生活を心がけていけば、内面も外見も、さらに美しくなった自分に出会えるかもしれません。

私自身も、「style table」のコンセプトである「エシカル×サスティナブル×ヴィーガン」を、自分自身の生き方としてこれから先も楽しみながら実践し、伝えていきます。エシカル　オーガニックな暮らしを一緒に楽しみながら実践していければ幸いです。

２０２４年４月20日

土井あゆみ

土井あゆみ

Doi Ayumi

株式会社GIVER代表取締役社長
style table吉祥寺パルコ店オーナー
日本ヴィーガン協会理事
ヴィーガンスペシャルアドバイザー
認定インストラクター
veggyエシカルアンバサダー

大阪府豊中市出身。同志社大学文学部英文学科卒業。24歳で起業し、会社を経営する傍ら子育て中の2児の母。意欲的に働く中、30代に入り自身の乳製品・卵アレルギーが発覚したことがきっかけで食事の大切さを感じ、ヴィーガンの生活を取り入れるように。自身や家族が美しく健康になるとともに、地球環境にもやさしいライフスタイルを広めたいという想いから、エシカル・サスティナブル・ヴィーガンをコンセプトとしたオーガニックのセレクトショップstyle table 吉祥寺パルコ店のオーナーに。自身の経験を活かした講演活動を通じて、持続可能な社会の実現に向けて尽力している。他著書『思い描いた理想をすべて手に入れる生き方』(きずな出版)は、Amazon女性問題カテゴリーのランキングで1位、TBSテレビ「王様のブランチ」内でSHIBUYA TSUTAYA文芸ランキング第4位として紹介されるベストセラー。起業の経験をもとに、ベンチャー企業のスタートアップ支援も行なったりと、より多くの若者が世の中で活躍することを意欲的に応援している。

土井あゆみ
Instagram

style table
吉祥寺パルコ店
Instagram

前作『思い描いた理想をすべて手に入れる生き方』はこちら

エシカル オーガニック ビューティ
地球にも自分にもやさしい7つの美容メソッド

2024年5月15日　初版発行
2024年5月16日　2刷発行

著者　土井あゆみ

写真　宗野歩（カバー、P169〜186、200）
党偲（P196〜198）
イラスト　紅鮭色子
アートディレクション＆デザイン　松竹暢子
編集　大崎暢平（キラジェンヌ株式会社）
編集協力　渡邉絵梨

発行人　吉良さおり
発行所　キラジェンヌ株式会社
東京都渋谷区笹塚3-19-2青田ビル2F
TEL：03-5371-0041　FAX：03-5371-0051

印刷・製本　日経印刷株式会社

ISBN978-4-910982-03-8